道具やコスメ
何をどう使ったら
いいかわからない

# 大人メイク迷子

## メリハリ塗りでマイナス5歳肌

由比ちえ



エムディエヌコーポレーション

# はじめに

## ～大人のメイクで、自分らしい美しさを～

「メイクをしても昔のようにしっくりこない」
「体は元気なのに顔が疲れて見える」

そんなふうに感じたことはありませんか？
40代・50代・60代と年齢を重ねると、肌の状態や顔の輪郭が変わり、これまでのメイクが似合わなくなることがあります。
それは「老けた」ということではなく、自分と向き合うタイミングが来たというサイン。
自分がどう在りたいか？　どう生きたいか？　メイクを通して自分と向き合い、そして変化に合わせてメイクをアップデートするタイミングです。
私はこれまで、延べ5万人以上のお顔に触れ、各地で美容セミナーやレッスンを開催し、多くの方から「メイクの基本がわからない」「自分に似合うメイクが知りたい」といったお声をいただいてきました。

そこで、本書では「大人のメイク迷子」の方々に向けて、シンプルでわかりやすく、誰でも再現しやすいメイクの基本をまとめました。

この本では、スキンケアからベースメイク、ポイントメイクまでを順番に解説しています。

頑張ってきた自分を愛おしむようにスキンケアで肌を育み、そして気になる悩みをメイクでそっとフォローすることで、きれいになる愉しみや喜びを感じていただけたらうれしいです。

難しいテクニックや特別なコスメは必要ありません。

ほんのちょっとした工夫で、生き生きと若々しい印象へと変わるメイクのコツを紹介しています。

「メイクって、こんなに簡単で愉しいんだ！」

「今日のわたし好き！」

そんなふうに思っていただけるような一冊になればうれしく思います。

さあ、一緒に「今の自分にぴったりのメイク」を見つけていきましょう！

由比ちえ

・掲載商品の価格はすべて税込表示です。
・この本の内容は2025年3月3日時点の情報です。

PART 1

# 大人のキレイが叶う メイクの基本

わたしたちが無意識のうちにしている「表情のくせ」や「毎日の習慣」が数年後の自分の顔を作ります。

たとえば、幸福感あふれる大人の女性の目尻にあるシワは、やさしい眼差しで誰かを見つめたり、たくさん笑ってきた証。

眉間のシワは、たくさん悩み考えがんばった証。

ずっと付き合っていく自分の顔だから、やさしく丁寧に扱うことが大切です。

肌をこすったり力を入れすぎると肌に負担が掛かります。軽やかにやさしいタッチを意識しましょう。

さらに大人には、メイクがやりやすくなる「隠れたテクニック」があります。

それは「指の使い方」と「化粧道具の使い方」

そっとまぶたを押さえながらアイラインをひくと描きやすくなったり、むずかしい目尻のアイラインはメイクブラシを使うと簡単にきれいに仕上がるなど、ほんの少しの工夫とメイク道具を取り入れることで毎日のメイクがぐんとやりやすくなります。

「指の使い方と力加減
メイク道具にこだわると
毎日のメイクが
もっと愉しくなります」

# メイクが苦手な人ほど ブラシやスポンジなどの化粧道具を 使いましょう

若い頃は顔に色がついていれば可愛く見えたのに、
年齢とともに不自然に見えたり、違和感を感じる、
そんな経験はありませんか？

アイシャドウを指で塗ると、ピンポイントで力が入り
濃くつきすぎて重く見えたり、ぼかすのが難しいことも。
またチークだけが浮いたように見えて若作りじゃないかな…と心配になって
塗るのをやめたと仰る方も少なくありません。

その力加減や難しいテクニックをフォローして自然に魅せてくれる、
それがメイクブラシやスポンジなどのメイクアップツールなのです。

メイクが劇的にやりやすくなる！
仕上がりが変わる！

# 「指の使い方」4選

## 1 添え手

皮フが動かないように押さえる

### 添え手

添え手とは、アイラインを描くときに皮フをピンと張りをもたせ押さえることで描きやすくしたり、マスカラをぬるときにまぶたを引き上げて塗りやすくする手のことを指します。

しなやかな大人の肌は、スキンケアからメイクまで全ての工程において「サポートする添え手」が大事な役割を果たしてくれます。年齢とともにメイクがやりづらくなってきたと感じている方は、ぜひ「添え手」を取り入れてみて。

### タッピング

タッピングとは指の腹部分やスポンジ、メイクブラシなどを使って、ポンポンと肌の上で弾ませるようにタッチするメイクのテクニックのことを言います。

心地よいと感じるくらいの強さの圧をかけることで、肌との密着度が高まります。ファンデーションであれば、そのファン

## 2 タッピング

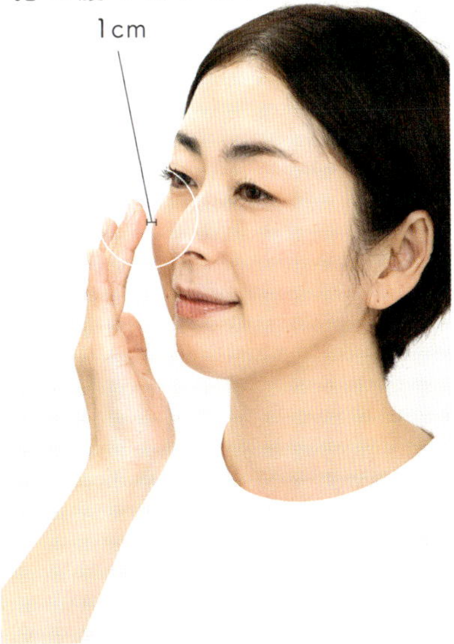


## 3 くるくる塗り

## 4 すべらせ塗り

下げない

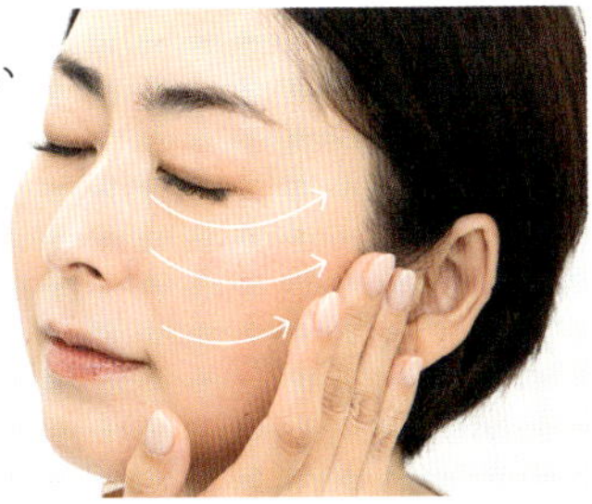

デーションのもつカバー力を最大限に発揮することができる塗り方です。

### くるくる塗り

毛穴の凹凸を目立たなくするベースメイクの塗り方です。

頬や小鼻など毛穴が気になる部分に指やブラシを使って、やさしくくるくるとなじませます。

毛穴の凹凸を多方向から塗ることで肌表面がつるんとなめらかな印象になると、肌全体が明るくきれいに見えます。

### すべらせ塗り

スキンケアや化粧下地、ファンデーションを広げるときに、手指やスポンジを使い肌の表面をすべらせる塗り方です。

顔の丸みに沿ってやさしくすべらせるように塗ると心地よく、またムラを防ぐことができます。

メイクがもっと愉しく簡単になる

# 大人が持っておきたい化粧道具まずはこれ！

## 1 ふかふかスポンジ

しなやかな私たち大人の肌には厚みと弾力のあるスポンジやパフを使うとテクニック要らず！ベースメイクの仕上がり、化粧もちに差が出る。

＼ こんな人にオススメ！ ／

- ☑ ファンデーションが崩れやすい
- ☑ ファンデーションが厚塗りになりやすい
- ☑ 化粧下地やファンデーションがムラになりやすい

この2つは水あり・水なし両方で使えます！ホットフラッシュや汗や皮脂で崩れやすいときはスポンジを濡らして使ってみて◎

雫型で細かいところまで行き届く「&be ブラックスポンジ」（67ページ）

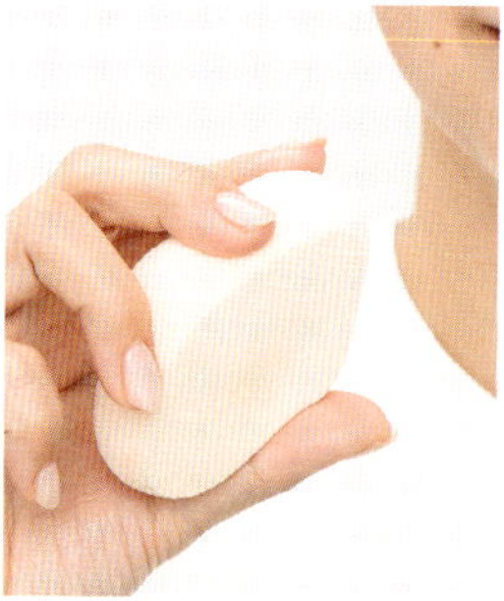

女性の手のひらにすっぽり収まる「ロージーローザ シフォンタッチスポンジN」（71ページ）

「ロージーローザ マルチファンデパフ」（68ページ）はファンデーションがしみこみにくい

## 2 フェイスブラシ

フェイスパウダーをブラシでつけると軽やかに艶を出しやすくナチュラルに仕上がります。化粧崩れしやすい方はしっかりつくパフで塗るなど使い分けましょう◎

＼ こんな人にオススメ！ ／

- ☑ フェイスパウダーをつけると肌の艶が消える
- ☑ 艶肌に仕上げたい
- ☑ 肌を若々しく魅せたい

使用ツール
▼
「ベアミネラル シームレス シェイピング ＆ フィニッシュ ブラシ ¥5,500」

細かなところまで小回りが効くつくし型のブラシ

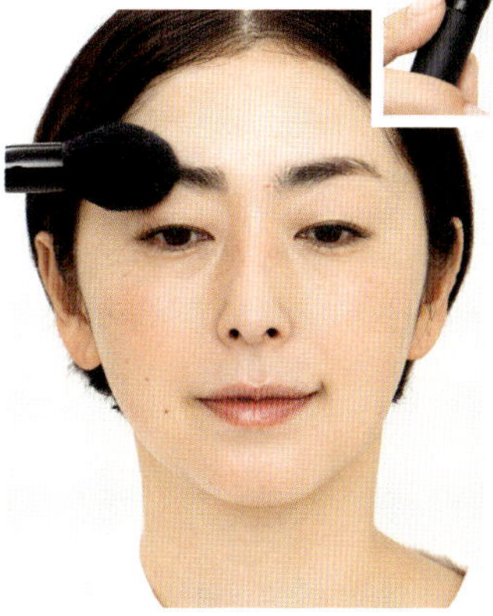

## 3 チークブラシ

不器用さんの味方！フワフワと柔らかなブラシを使うとムラになりにくく自然に仕上がる。

＼ こんな人にオススメ！ ／

- ☑ チークを塗ると色が濃くつきすぎる
- ☑ チークを塗るとムラになりやすい
- ☑ チークをナチュラルに仕上げたい

チークブラシは、しっかり発色するコシのあるタイプとフンワリとつく柔らかなタイプがあります

チークブラシの幅は指2本分くらいの大きさが扱いやすい。初めて買う方は参考にしてみて！

## 4 アイシャドウブラシ

アイメイクの仕上がりを底上げしてくれるアイシャドウブラシは、繊細に仕上げたいときや、ピンポイントで色をのせたいときに活躍。

### ● アイシャドウブラシ

アイシャドウブラシを使うと、まぶたの小ジワや余った皮フの隙間など細かなところまでむだなくアイシャドウを塗ることができる。

＼ こんな人にオススメ！ ／

- ☑ アイメイクが苦手
- ☑ アイシャドウが濃くつきすぎる
- ☑ まぶたのシワが気になる

「SHISEIDO NANAME FUDE マルチ アイブラシ」（97ページ）は、1本で二役

まぶたにフィット！
絶妙な斜め形状のブラシ

### ●アイシャドウ ブラシ細

アイシャドウの濃い色を、細くコシのあるブラシにとって目のきわにラインを描きます。アイライナーを使うよりも簡単で、自然に目の印象をハッキリ大きく見せることができます。むずかしい目尻のアイラインもスッと決まります。アイシャドウチップや指には真似できないテクニック。

＼ こんな人にオススメ！ ／

- ☑ 目力を自然にアップしたい
- ☑ アイラインをひくのがニガテ
- ☑ 目尻のアイラインをシュッとしたい

オススメツール

目尻のアイラインが簡単にシュッときまる。「SHISEIDO KATANA FUDE アイ ライニング ブラシ ¥2,640（※4/17より価格改定 ¥2,750）」

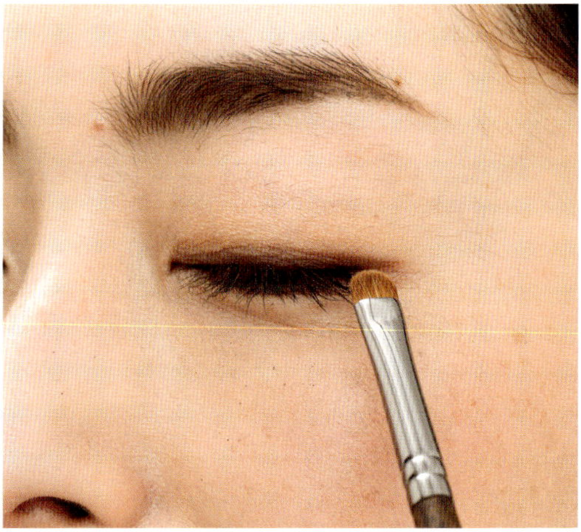

目のキワに狙って塗ることができる、細いタイプのアイシャドウブラシ

使用ツール
▼

「アンシブラシ ポイントアイシャドウブラシ ebony 26 ¥2,100」

## 5 アイブロウブラシ

若々しい眉を描くときに大活躍するアイブロウブラシ。
難しく感じる眉メイクこそブラシの力を借りて愉しんで！

### ● 幅狭タイプ

筆の幅が大きすぎず眉尻や眉の輪郭など細かな部分まで美しく仕上がる

＼ こんな人にオススメ！ ／

- ☑ 眉尻の毛がないマロ眉さん
- ☑ スッキリ洗練された眉を描きたい

「SUQQU アイブロウ ブラシ スモール ¥3,300」

### ● 幅太タイプ

筆の幅が太めなのでナチュラルなふんわり眉が短時間で描ける

＼ こんな人にオススメ！ ／

- ☑ 簡単に自然な眉を描きたい
- ☑ 今っぽい太眉にしたい

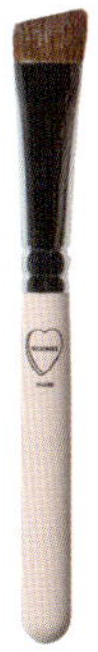

「フーミー アイブロウブラシ 熊野筆 ¥1,980」

## 6 まつ毛カーラー

まつ毛が短いと諦めていませんか？　日本人女性の多くは下向きまつ毛。存在感が隠れているだけだっという方も少なくありません。今こそまつ毛を上向きに、若々しい目元を手に入れましょう。
まつ毛の存在感を引き出す秘訣は、まぶたに合ったまつ毛カーラーを使うこと！

＼ こんな人にオススメ！ ／

- 目をぱっちり大きく見せたい
- まぶたのたるみが気になる
- まつ毛の存在感を引き出したい

日本人のまつ毛を研究して作られた王道のまつ毛カーラー。「資生堂 アイラッシュカーラー ¥1,320」

一重・奥二重まぶたのたるみが気になる方にオススメ。「アイプチ® ひとえ・奥ぶたえ用カーラー ¥1,650」

ゆるめカーブ。支柱がまぶたに当たりにくいエッジフリー設計。「マキアージュ エッジフリー アイラッシュカーラー ¥1,100」

Column

## 大人のまつ毛カーラー選び

メーカーによって、横幅やカーブの深さがことなります。また、私たちのまぶたは年齢とともに痩せたり、たるみが気になったり。
自分の目の形に合ったまつ毛カーラーを選ぶことで、隠れたまつ毛をしっかりキャッチして存在感を引きだすことができるのです。

Point
自分の目の形に
合うものを
選びましょう

### マキアージュ

目幅が大きい人はコレ！
上がりにくい目頭や目じりのまつ毛もキャッチ。まつ毛カーラーの支柱が「まぶたの骨に当たる」という方にもオススメ◎

### アイプチ®

年齢とともにまぶたがたるみ、まぶたが重くなってきたなと感じる方はコレ！
広めのプレートが、まぶたのお肉をぐっと押し上げてくれるのでまつ毛が上げやすい◎

### 資生堂

迷ったり初めて買うならコレ！
まぶたのお肉が薄めの方、目元の彫りが深い方にもオススメ◎

## 次のステップはこれ！
# 余裕があったら買い足したいツール3選

### 1 ファンデーションブラシ

手を汚さずに、ファンデーションを無駄なくお顔に塗布することができるファンデーション専用ブラシは、ご自分の肌悩みやなりたい肌に合わせて選びましょう。

**● 平筆型**

ブラシの先が平たくなっていて、肌に筆が密着、手でつけるよりもファンデーションを薄く塗ることができます。
リキッドファンデーションやクリームファンデーションと相性良し◎

＼ こんな人にオススメ！ ／

- ☑ 艶肌に仕上げたい
- ☑ 自然に仕上げたい

指でつけるよりも薄くのばすことができて、艶を出すことができる

### ● フラット型

ブラシの先端が直線的に揃うようにカットされていて、肌に水平に当てて使用するタイプのブラシです。ブラシの毛先がキメや毛穴の細かい凹凸にまでピタッとフィットします。

＼ こんな人にオススメ！ ／

- ☑ 毛穴の凹凸が気になる
- ☑ 手早くきれいに仕上げたい

パウダーファンデーション、リキッドファンデーション、クリームファンデーションのほか、固型乳化タイプのファンデーションにも対応◎

使用ツール
▼

ブラシの毛先がキメや毛穴の細かい凹凸にまでピタッとフィット。「SHISEIDO HASU FUDE ファンデーション ブラシ ¥2,420（※4/17より価格改定¥2,530）」

## 2 コンシーラーブラシ

コンシーラーの厚塗りを防いで自然にカバーすることができます。
カバーしたい範囲に合わせて筆の形や大きさを選びましょう。

### ●筒型・フラット型

なじませ上手に！　肌に垂直にブラシを当てて、トントンとリズミカルにタッピングするだけで肌にピタッとフィットするコツの要らないコンシーラーブラシ。カバーしたい範囲に合わせてブラシのサイズを選んでみて。

＼ こんな人にオススメ！ ／

- ☑ コンシーラーをなじませるのが苦手
- ☑ シミ・くまを簡単にカバーしたい

使用ツール
▼
「SHISEIDO TSUTSU FUDE コンシーラーブラシ ¥3,080（※4/17より価格改定¥3,190）」

トントンとするだけで簡単にカバーできる筒型・フラット型ブラシ

### ● 平筆型

コンシーラーの厚塗りは老け見えの原因に。
クマ部分を狙って隠せる平筆型のコンシーラーブラシは、指で塗るよりも薄く塗ることができるため、厚塗り防止に最適◎

＼ こんな人にオススメ！ ／

- ☑ くまカバーが上手くできない
- ☑ コンシーラーがついつい厚塗りになる
- ☑ 時間が経つと目の下のシワが目立つ

筒型・フラット型

平筆型

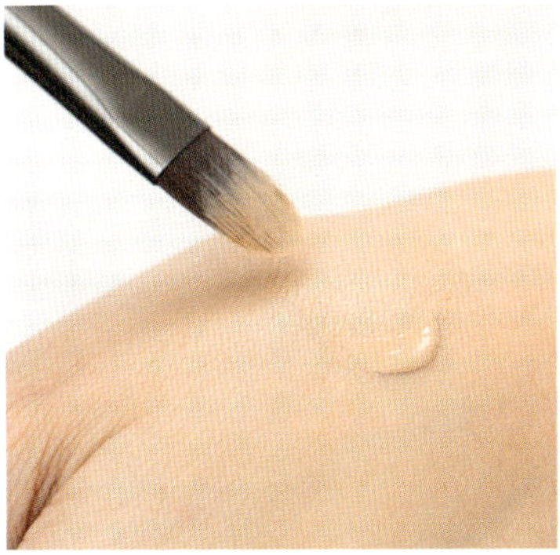

狙ったところを薄づきにカバーしたいときは平筆

使用ツール
▼
「アンシブラシ コンシーラーブラシ ebony 16 ¥1,080」

## 3 スクリューブラシ

眉メイクの前に眉毛をとかす、毛流れを整える、アイブロウパウダーや眉マスカラをぼかすだけでなく、マスカラがダマになったときに、まつ毛をとかすときにも使えるマルチアイテム。

＼ こんな人にオススメ！ ／

- ☑ 眉メイクが濃くなりがち
- ☑ 眉を自然に描きたい
- ☑ マスカラをつけたあとのまつ毛のダマが気になる

根元を折り曲げると、さらに使いやすくなります

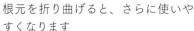

Column

# 化粧道具のお手入れ方法その1

メイクブラシに皮脂やパウダーが付着したままにすると、ブラシの毛同士がくっつき、メイクをしたときにムラになる原因に。また洗わずに放置すると雑菌が繁殖し、肌トラブルの原因に。健康な肌でメイクを愉しむため、簡単にできる毎日ケアとキチンとケアをご紹介

## 毎日のメイク後に簡単お手入れ

毎日ケア

### 1 ティッシュペーパーで拭き取る

**毎日の簡単お手入れ習慣でブラシを清潔に**

使い終わったら、ブラシに残っているパウダーや油分を丁寧に拭き取るだけなので簡単！

### 2 ドライブラシクリーナー

**ブラシを簡単にキレイにできる！**

スポンジ部分にくるくるとブラシを回しつけて、ブラシについたチークやアイシャドウの粉を落とします。摩擦によりメイクブラシが傷みやすいというデメリットもあり。

ゆひ私物「キャンドゥ ドライメイクブラシクリーニング ¥110(編集部調べ)」

### 3 ティッシュ＋ブラシクリーナー

**簡単&時短ケア！ 水洗い不要のブラシ専用クリーナー**

ブラシのメイク汚れを素早く簡単に落とします。
ティッシュペーパーに3から4プッシュ吹きつけ、丁寧に汚れを拭き取ります。「コスメデコルテ ブラシ クリーナー ¥1,650」

Column

# 化粧道具のお手入れ方法その2

## 週1回のお手入れ

キチンとケア

### 4 スポンジクリーナー

**メイク道具を清潔に！**
**高洗浄力のスポンジ クリーナー EX**
高い洗浄力で、落ちにくいメイクアップの汚れや雑菌をしっかり落としソフトに洗い上げるメイクアップツール用の洗浄剤。しつこいファンデーションの汚れ、皮脂汗を落として、スポンジやブラシを清潔に保つことができます。「コーセー コスメニエンス スポンジ クリーナー EX ¥825」

### 5 中性洗剤

**家にあるもので簡単ケア！　中性洗剤で化粧道具をお手入れ**
週1回のお手入れで、化粧道具を清潔に保ち、肌トラブルを防ごう。

#### お手入れの手順

1. **洗浄液を準備する**
ぬるま湯に食器用中性洗剤を数滴入れ、よく混ぜる。

2. **道具を洗う**
ブラシやパフを洗浄液に浸し、やさしく揉んだり回したりして汚れを落とす。ゴシゴシこすりすぎると傷むので注意が必要。

3. **すすぐ**
流水でしっかり洗剤を洗い流し、泡が残らないようにする。

4. **水気を取る**
タオルやキッチンペーパーで軽く水分を拭き取る。

5. **乾燥させる**
風通しの良い場所で自然乾燥させる（直射日光は避ける）。ブラシは毛先を下向きにして乾かすと、持ち手部分に水が溜まらず長持ちする。

PART 2

# 大人のスキンケア

### 1日のはじまり

朝と夕方とで肌の様子が変わる大人の肌。鏡に写った自分の顔がどんよりと暗く見えたり、目まわりの小ジワが気になったり、朝のスキンケアは化粧のノリと午後の肌に大きく影響します。大切なのは「うるおいで満たすこと」みずみずしい肌は透明感を感じ、生き生きと若々しく見えます。レッスンでも「肌がぷるぷるして化粧のりがよくなった」、「いつもと同じファンデーションなのに肌が艶やかに見える」と好評です。

### 1日の終わり

忙しい毎日を過ごしていると、ついパパッと済ませがちなスキンケアですが、夜のお手入れでは自分を愛しむように、顔をやさしく手のひらで包みこんで深呼吸してみてください。

自分に意識がむくと指先にセンサーが搭載されたかのように気づく瞬間があります。「毛穴がざらざらしてきたな」「肌がもっちりしてきた！」など体調や季節による肌の変化に気づけるようになってきますよ。

# スキンケアの<br>超基本のプロセス

スキンケア朝・夜5のステップで大人のスキンケアを見直してみましょう。

## 落とす（メイク落とし）

クレンジングやメイク落としを使用し、肌に負担をかけないようにメイクアップや日焼け止めを落としましょう→ 36ページへ

## 洗う（洗顔料）

汗や皮脂、ほこりやメイク汚れの残りを落として肌を清潔にしましょう→ 41ページへ

## うるおす（化粧水）

みずみずしい肌は水分を補うことから若々しい肌艶は化粧水のつけ方で手に入れて→ 43ページへ

## 与える（美容液）

基本ケアにプラス。シミ・シワ・はり不足など目的に合ったものを選び取り入れてみて→ 45ページへ

## 満たす（乳液・クリーム）

肌のうるおいを閉じ込めてバリア機能を守る大切なステップ→ 45ページへ

## 守る（日焼け止め）

肌老化の８割は紫外線が原因!?健康で若々しい肌を保つための必需品→ 46ページへ

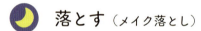

# 生き生きと若々しい肌を手に入れる
# 毎日習慣にしたい
# ３つのこと

「

①肌をやさしく扱う

②肌の艶はメイクではなく保湿で作る

③日焼け止めは３６５日！

」

化粧品や情報が溢れていて何が正しくて何が自分に合っているのか、ふるいにかけることが難しい時代になりました。私自身、美容ひと筋27年と美容業界に長くいることもあり、いろんな美容方法に触れ、たくさんの化粧品を試してきました。その中で全ての方に共通してお伝えしたい、最もシンプルで大切なことを3つご紹介します。

## ①肌をやさしく扱う

レッスンで皆さん驚かれること、それはスキンケアやメイクアップのときの「力加減」こんなにやさしく肌に触れるんですね！と驚かれます。忙しい毎日を過ごしていると、ついつい手に力が入ります。とくに朝はバタバタ、わたしも「おっと！ごしごし顔を拭いちゃってた」とハッとすることも。肌への摩擦はシミシワくすみといった肌悩みに直結するので要注意！　力加減をイメージしてみましょう。

皮フの薄い目まわりは、指の腹部分の柔らかなところを使ってインコちゃんの頭をやさしくなでるように。

お顔の広い範囲は、指全体または手のひら全体を使い、ウサギちゃんを愛でるようなやさしいタッチを意識してみてくださいね。まるでムツゴロウさんのように、ワシャワシャと激しくお顔を扱ってたという方も少なくありません。32ページでは、無意識のうちにしていらっしゃる方が多い具体的な例をあげています。

一度チェックしてみてくださいね。

## ②肌の艶はメイクではなく保湿で作る

大人の顔にいちばん必要なのは「艶」です。艶がある肌は「生き生きとした若々しさ」を感じさせます。

また、艶がありみずみずしい肌はパーンと張ったようなハリ感を想像させるため、艶のある肌は不思議とシミやシワが目立たなくなるのです。とくに大人の肌は、メイク前の保湿が重要です。

なぜなら年齢を重ねると共に肌の水分量が減少し、35歳をすぎると皮脂量が急激に減少してきます。若い頃から使っていたファンデーションが合わなくなったと感じる方が増加するのもそのためです。保湿ケアで見直したいのは「つける量」朝しっかりとうるおしで満たすことで、肌の内側から溢れるイキイキとした艶を作ることができます。肌が整うため、ファンデーションのノリがよくなり、ピタッと密着するため化粧崩れもしにくくなり午後の肌にも差がでます。小ジワが改善されたり、毛穴やくすみが気にならなくなった！という喜びの声をよくいただきます。スキンケアのページでその方法をお伝えします。

## ③日焼け止めは３６５日！

肌老化の原因の70％は紫外線と言われています。

紫外線を浴びると日焼けをしたり、シミになるイメージをお持ちの方も多いと思いますが…実は肌のハリや弾力を保つ真皮層にまで影響を及ぼします。

窓ガラスを通して室内にも届くので、紫外線から肌を守ることが、シミ・シワ・たるみの予防に繋がるのです。外出せずに家で過ごす日も、メイクをお休みしてすっぴんで出かける日も、朝のスキンケアは日焼け止めまで！日焼け止めは塗る量が少ないと、肌を紫外線から守ることができません。

長期的に健康で若々しい肌を保つためには、毎日の日焼け止めを「習慣」にすること、そして「使用量」を見直してみてください。

スキンケアやメイク中
無意識にやっていませんか？

# 肌を老けさせる動作3選

## 1 こする《ゴシゴシ》

みんな意外と力強い!!
スキンケアをするとき、ゴシゴシする
摩擦はシミ・くすみ・シワなどの原因に。

## 2 たたく《パンパン》

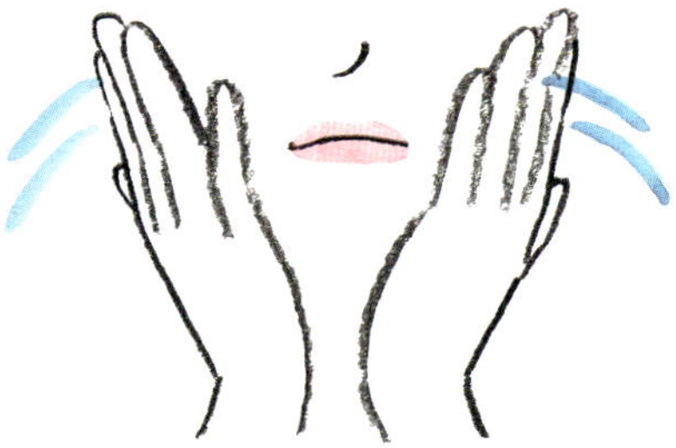

化粧水をつけるときやファンデーションを塗るとき、必要以上に力が入っていませんか？　刺激となり、悪化の原因になる可能性も。

## 3 下げる《ムジュ〜ッと》

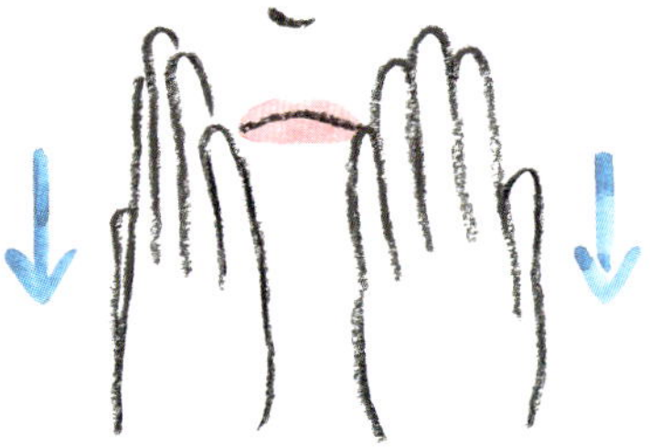

スキンケア中やファンデーションを塗るとき、無意識のうちにお顔の皮フを下げていませんか？　お顔たるみます！

# 年齢によって変化する肌

ぴったり合う化粧品や方法を見つける第一歩は
「今の自分を知ること」
昔と同じスキンケアやメイクをしていて
最近なんだか合わないな…と感じたら
肌タイプをチェック！

肌質チェックシート

必要に応じて専門家の診断やアドバイスを受けるのもよい方法です◎

チェックしてみましょう！
3つ以上チェックがついたものが、今のあなたの肌タイプです。

普通肌

## 水分と皮脂のバランスがよい肌

- □肌に触れるとなめらか
- □毛穴が小さくキメ細かいと言われる
- □肌トラブルはあまりない
- □化粧崩れしにくい
- □乾燥や脂っぽさが目立つことがあるが一時的

**アドバイス**

バランスの良い肌状態を維持するため、基本のケア「肌をやさしく扱う・保湿・紫外線から守る」ことが大切です。普通肌でも年齢や過ごす環境によって肌質が変わったと感じることがあります。

例えば季節の影響を受けやすい方は、洋服の衣替えのタイミングで乾燥や皮脂のバランスの変化を確認し、必要に応じてスキンケアを見直しましょう。

乾燥肌

## 水分・皮脂がともに不足 乾燥しやすい肌

- □全体的に乾燥しやすい
- □毛穴が小さくあまり目立たない
- □肌がつっぱることがある（洗顔後・日中）
- □化粧をすると小ジワや粉吹きが気になる
- □季節の変化でさらに乾燥することが多い

**アドバイス**

乾燥肌の方は、肌のバリア機能が低下しやすいため、とことん肌をやさしく扱いましょう。そしてスキンケアの基本である「保湿」を徹底！化粧水で肌をたっぷりうるおし、乳液で満たして肌のバリア機能をサポートすることが大切です。注目アイテムは乳液。効果的な「量」を見直してみましょう。乾燥してしぼんだ肌がふくふくと柔らかくなり、毎日続けることで自らうるおうことができる肌へと育ちます。

混合肌

## Tゾーンはテカリやすいが 頬は乾燥しやすい肌

- □額・鼻まわり・あごがテカリやすい
- □頬や目元が乾燥しやすい
- □部分的にかさつくことがある
- □目元の乾燥や小ジワが気になる
- □鼻まわりの毛穴やザラつきが気になる

**アドバイス**

大人の混合肌は、Tゾーンのテカリと（皮脂分泌が多い部分）頬や目元の乾燥（乾燥が進行しやすい部分）のバランスをとることが大切です。年齢を重ねると共に、皮脂の分泌量が減少する一方で、乾燥が目立ちやすくなるため、化粧水でしっかりうるおし乳液で満たしましょう。テカリやすいところは乳液を少なめにするなど工夫したり、皮脂をコントロールするアイテムを部分的に取り入れて保湿との両立を意識したスキンケアを目指しましょう。

インナードライ肌

## 水分が少なく皮脂が多い テカるのに乾燥している肌

- □洗顔後はつっぱるのに時間が経つとテカる
- □毛穴が気になる
- □べたつくのに頬や口元は乾燥する
- □肌がゴワついたり小ジワが気になる
- □夏はテカリ冬は乾燥がひどくなる

**アドバイス**

水分が不足しているため、肌が乾燥を防ごうとして余分な皮脂を出している状態。

過剰なピーリングやスクラブなど、肌を乾燥させる間違ったスキンケアに注意！

水分が蒸散しやすいため、うるおし満たす「保湿」重視のスキンケアが大切です。

べたつくからと乳液を省いてはいけません。

軽いテクスチャーの乳液やジェルタイプを選ぶことで心地よくお手入れしながら肌の健康を守りましょう。

脂性肌

## 皮脂・水分どちらも多い べたつきやすい肌

- □皮脂が多くベタつきやすい
- □毛穴が開きやすくザラつきや黒ずみがある
- □ニキビや吹き出物ができやすい
- □化粧崩れしやすくTゾーンがテカる
- □冬でもあまり肌の乾燥を感じない

**アドバイス**

うるおいはあるけれどベタつきやすい脂性肌は、毛穴が目立ちやすく皮脂が詰まりがち。

そのためメイク落としと丁寧な洗顔が欠かせません。また年齢を重ねるとともに脂性肌でも乾燥が進むため、うるおし満たす「保湿」をバランスよく行うことが大切です。

べたつくからと乳液を省いてはいけません。

軽いテクスチャーのジェルタイプや、オイルフリーの乳液を選ぶことで心地よくお手入れしながら、肌の健康を守りましょう。

## 1-1 肌を老けさせないクレンジング方法

メイク落としは、肌の状態やメイクの濃さに合わせて選ぶことが大切です。メイクをなじませるときに力は要りません。クリーム、オイルなどクレンジングのタイプを問わず、肌を「こすらない」「下げない」習慣を。

### 1 適切な使用量を使う

量が少ないと肌への摩擦が増えて肌のバリア機能が低下、乾燥やシワ・たるみの原因に。

### 2 まんべんなく置く

両頬に3分の1ずつ、残り3分の1を額、鼻、あご先に置きます。

使用アイテム
▼

リッチなクリームタッチでメイク汚れをやさしくオフし、ふっくら柔らかな素肌へ。なめらかなテクスチャーが肌を包み込み、しなやかさと透明感を引き出してくれます。「アディクション クレンジングクリーム ¥3,850（編集部調べ）」

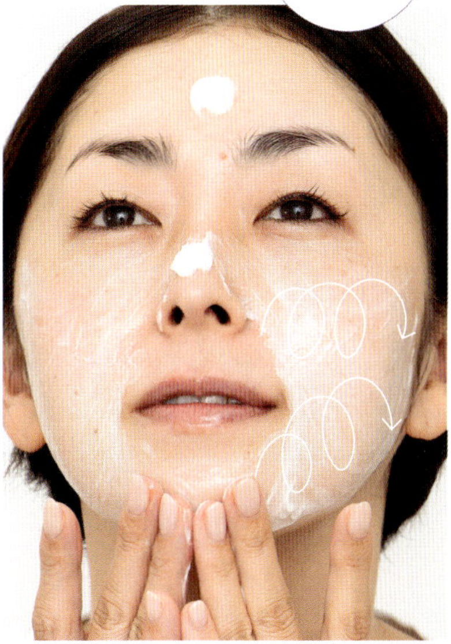

## 3　やさしくなじませる

頬や額など広いところは指全体を使い、ゆっくりやさしく大きな円を描くようになじませる。
（1エリア3～4回）

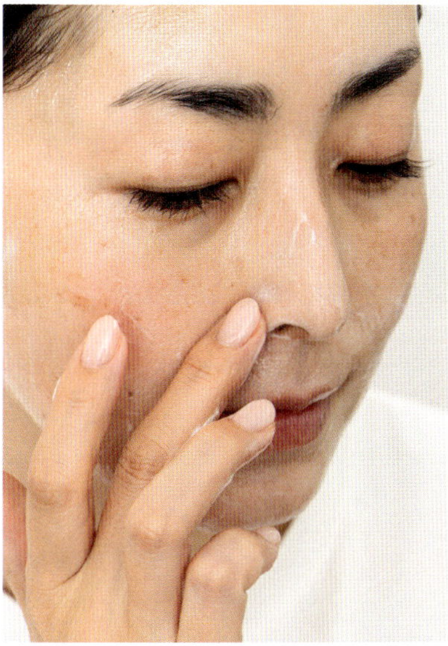

## 4　細かなところは指の腹を使う

目まわりや小鼻など細かく凹凸のあるパーツは指の腹部分を使ってなじませます。洗い流すときもこすらないように、熱すぎるお湯は避けてぬるま湯または水で丁寧に洗い流します。

## 1-2 落ちにくいアイメイクのおとし方

くすみや茶くま、目元のシワを防ぎ、まつ毛やまぶたを健やかに保つために、落ちにくいアイライナーやマスカラを使った日は、ポイントメイクリムーバーで負担をかけずに落としましょう。

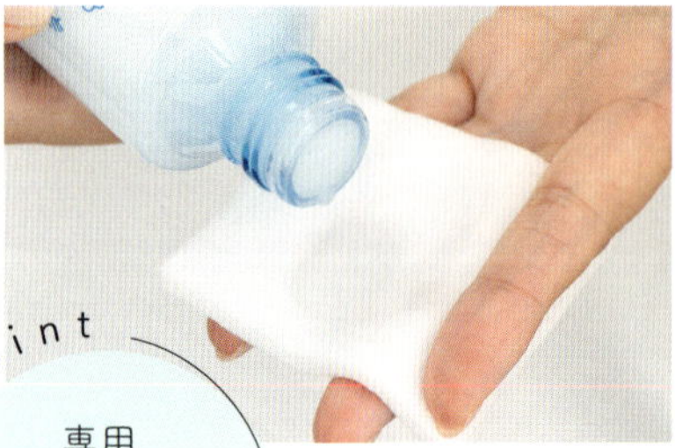

Point
専用
リムーバーを
たっぷり
使う！

### 1 専用リムーバーを使用

コットンにポイントメイクリムーバーをたっぷりと出し、なじませる。

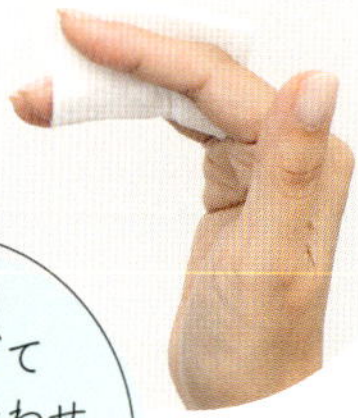

Point
指を曲げて
目の形に沿わせ
アイラインに
フィット!!

### 2 メイクを浮き上がらせる

目を閉じた状態で①のコットンをフィットさせて、やさしく押さえながら10秒ほどキープ。

### 3 やさしく拭きとる

摩擦をかけないように、スルッと下に軽くすべらせるようにして落とす。

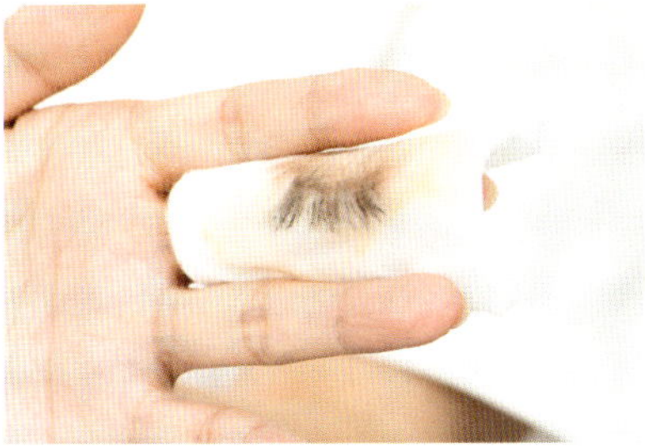

## 4　きちんとオフ

繰り返しやさしくすべらせながら落とします。専用のリムーバーを使って浮かせて落とすと、この通り。

## 5　細かなところは綿棒で

綿棒を数本用意。綿棒の先にたっぷりとポイントメイクリムーバーをしみこませる。

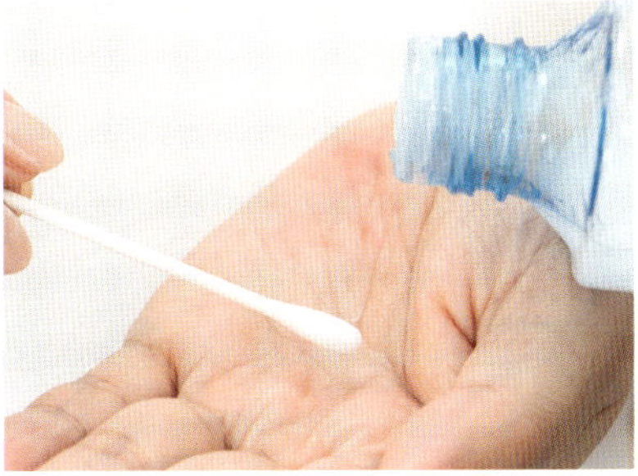

## 6　鏡でチェック

まつ毛のあいだに残ったアイラインを、綿棒で丁寧にリムーバーをなじませるようにして落とす。

使用アイテム
▼

落ちにくいポイントメイクを摩擦レスでスルッと落とせる！　「ビフェスタ ミセラーアイメイクアップリムーバー ¥935(編集部調べ)」

## 1-3 落ちにくい口紅のおとし方

ティントタイプなどの落ちにくい口紅を使った日は、ポイントメイクリムーバーで落とし唇の色素沈着やくすみ、縦ジワをふせぎましょう。

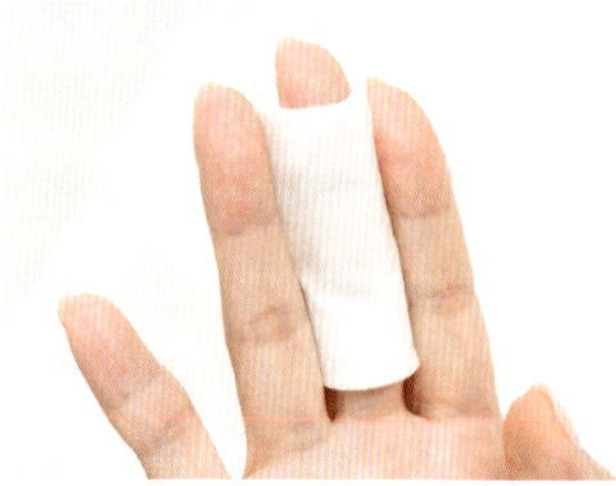

### 1 専用リムーバーを使用

コットンにポイントメイクリムーバーをたっぷりとだす。

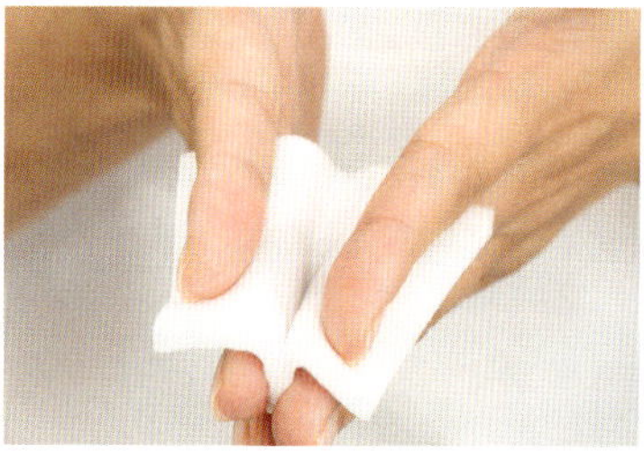

### 2 なじませる

ポイントメイクリムーバーをコットンになじませる。

### 3 やさしく拭き取る

唇の縦ジワを広げるように、口角あたりを押さえながら、コットンをやさしく横にすべらせるようにして落とす。

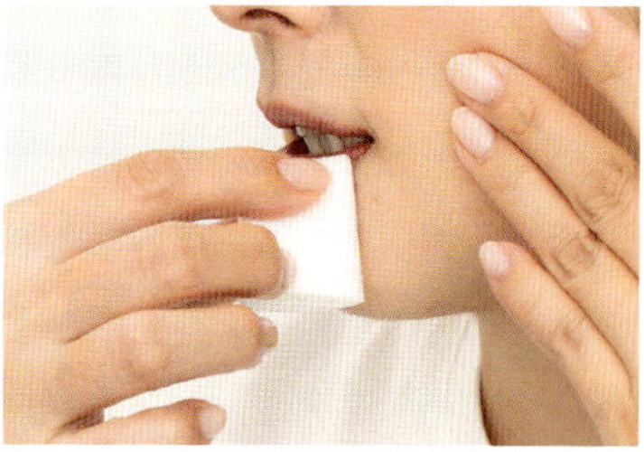

### 4 きちんとオフ

コットンのきれいな面を外に四つ折りにして、角を使い唇のシワに残った口紅を落とします。

## 2 肌を老けさせない洗顔方法

まちがった洗顔は肌のうるおいを必要以上に奪い乾燥させたり、摩擦が刺激となって肌にダメージを与え老化を加速させる原因に。肌タイプを問わず「たっぷりの泡」で「こすらず洗う」習慣を。

泡立てネットを使うと簡単！

### 1 モコモコの泡を作る

ひっくり返しても落ちないくらいしっかり泡立てることが重要！　泡がクッションとなり摩擦を防ぎます。

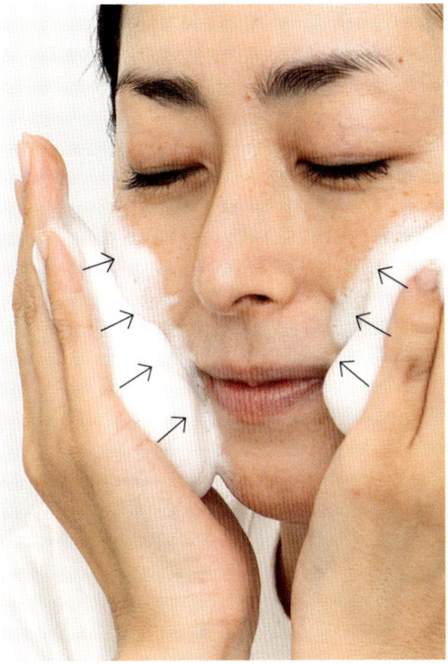

### 2 泡をクッションに

手のひらを肌に直接あてず、泡をモフモフと転がすように全体を洗う。

使用アイテム

きめ細かい泡を簡単に作れる泡立てネット。「無印良品 洗顔用泡立てネット ¥99」

Point

肌が
ゴワゴワしたり
くすみが気になる日は
ミネラルたっぷりの
クレイ泡パック！

### 角質ケアができる泡パック洗顔

植物由来のヨクイニンをベースに作られたハーバルピーリングで、穏やかに古い角質を柔らかく。

## 3 肌をこすらず洗い流す

ぬるま湯または水を、手のひらに溜めて顔にかけるようにすすぐと摩擦を防げます。30回以上しっかりすすいだら、タオルをやさしく肌に押し当てるようにして水を吸いとる。

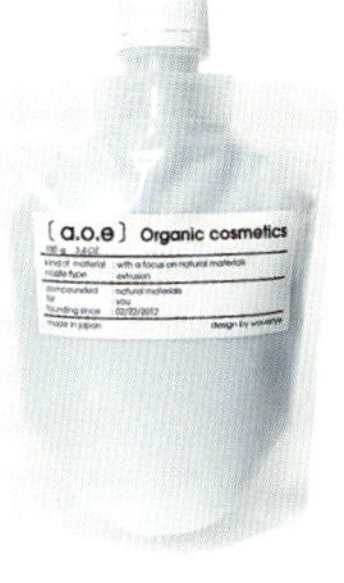


使用アイテム
▼

やさしくうるおうオーガニック洗顔料。「a.o.e organic cosmetics ブーストフェイシャルウォッシュ エイジングケア用 / BLUE ¥2,750」

## 3 化粧水は3回つけてたっぷりうるおす

目指すのは生き生きとみずみずしい肌 うるおいで満たされた肌は光を反射するため透明感がアップします。
大人の肌に必要なのはすみずみまでうるおすための「量」

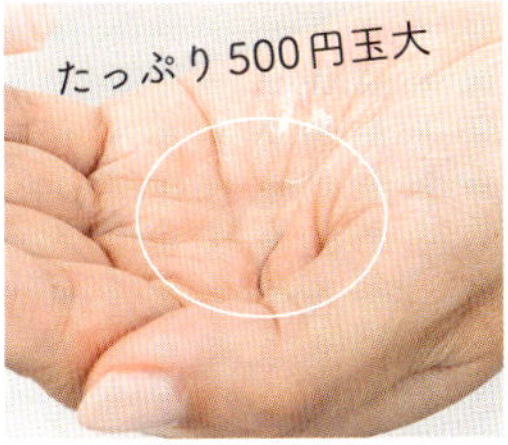

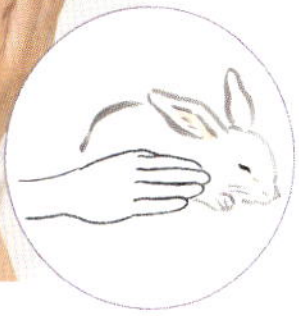

### 1 1回目顔全体に塗布

洗顔後やお風呂あがりは5分以内にうるおい補給。
手のひらに化粧水を出し、両手に塗り広げます。頬の丸みに沿わせて包み込むように塗布。

### 2 追い化粧水でムラなくうるおす

化粧水を手でつけるとムラづきしがち。
すみずみまでうるおすために、もう一度重ねづけ。

### 3 とくに乾燥する部分に塗布

皮フが薄く乾燥による小ジワができやすい目元はギリギリまで攻めましょう。
手のひらに1円玉大の化粧水をだし中指・薬指の腹部分を使ってやさしく塗布。

肝斑が気になるときはパッティング中止！　刺激が悪化の原因に

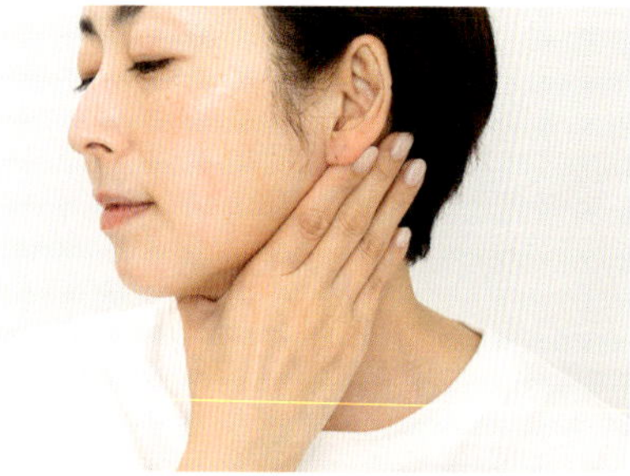

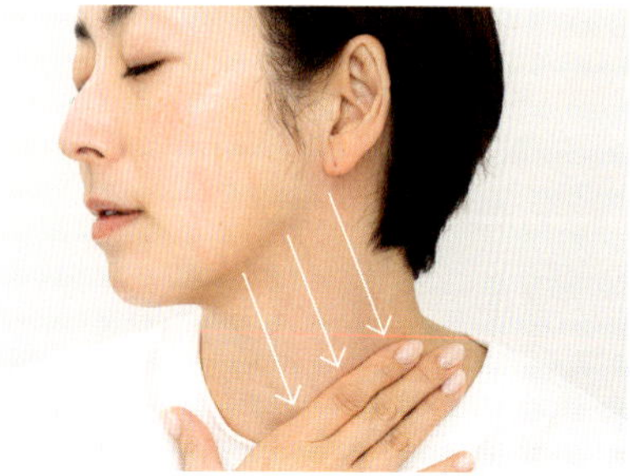

# 4 首も一緒にケア

年齢が出やすい首も一緒にケア。
手のひらに500円玉大の化粧水を出し両手に塗り広げます。
耳の下に人差し指がくるように手のひらをセット。
首の丸みに沿わせ、なでおろすように上から下へ数回繰り返します。

# 5 ハンドプレス

深呼吸しながらハンドプレス。
手の温もりで化粧水が肌になじみやすくなります。

オススメ化粧水

肌のハリとうるおいを高める化粧水。「エリクシール リフトモイスト ローション SP Ⅰ・Ⅱ・Ⅲ 各¥3,300」

## 4 乳液でしぼんだ肌をふっくら満たす

うるおいを閉じこめてキープ、水分をたくわえる乳液は大人の肌の必需品です。肌をやわらげふっくらと満たし、しなやかな肌を育みましょう。

### 1 温めて浸透力アップ

手のひらに10円玉大の乳液を出し両手に塗り広げ温めます。

### 2 うるおいで満たす

化粧水と同様に内側から外側に塗り広げます。
手のひら全体で顔を包み込むようにハンドプレス。

基本ケアにプラス!

ゆひ愛用スペシャルケア。夜の集中ケアでハリと弾力を与えてくれるクリーム。「エリクシール トータルV ファーミング クリーム ¥11,000」

## 5 日焼け止めまでが朝のスキンケア

日焼け止めは塗る量が少ないと、肌を紫外線から守ることができません。長期的に健康で若々しい肌を保つためには、毎朝の日焼け止めを「習慣」にすること、そして「使用量」を見直してみましょう。

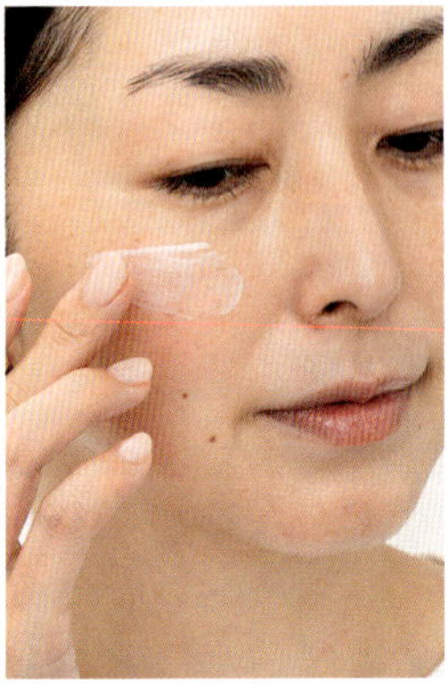

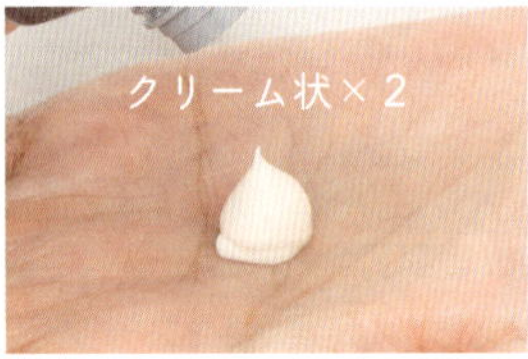

クリーム状×2

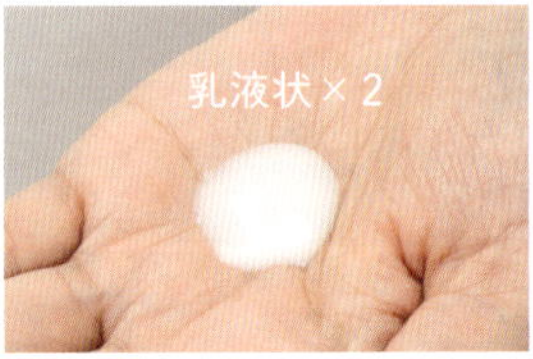

乳液状×2

### 1 使用量の見直しを

乳液状タイプは「1円玉2枚分」、クリームタイプは「小豆2粒分」

多い？
いえいえ
これくらい必要！

### 2 すみずみまでムラなく塗布

全体の使用量を2回に分けて重ねづけ。
まんべんなく塗るために、両頬、額、鼻根、あごに分けて置き、丁寧に塗りのばす。

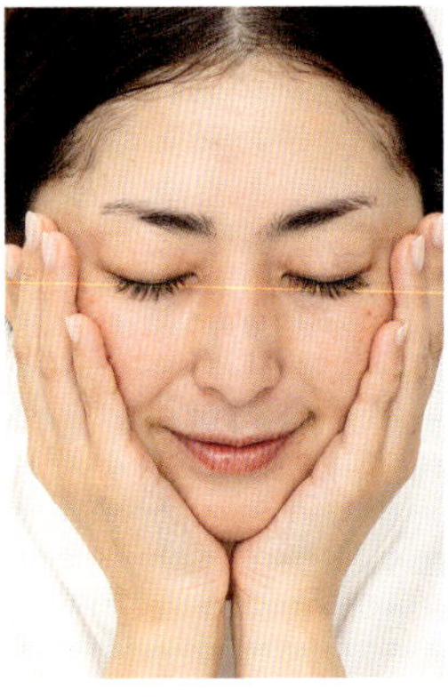

### 3 ハンドプレス

手のひらで顔を包み込むようにして肌になじませます。

a

b

### オススメクレンジング

ⓐ敏感な肌や目元にも使えるウォータープルーフ対応のアイメイクアップリムーバー。「ラ ロッシュ ポゼ レスペクティッシム ポイントメイクアップリムーバー ¥2,530」
ⓑ肌にやさしいクレンジングオイル。敏感肌の方にも使いやすく、やさしくメイクや汚れを落とします。「無印良品 オイルクレンジング・敏感肌用 / 200ml ¥950」

c

d

### オススメ洗顔料

ⓒセラミドを守りながら洗う泡洗顔料。「キュレル 潤浸保湿 泡洗顔料 / 150ml ¥1,540(編集部調べ)【医薬部外品】」
ⓓ美容液成分配合の、肌にやさしい洗顔料。「d プログラム エッセンスイン クレンジングフォーム ¥2,090」

e

f

### オススメ日焼け止め

ⓔシワ改善と美白を同時に叶えるUVプロテクター。「オルビス リンクルブライト UVプロテクター ¥3,850【医薬部外品】」
ⓕうるおいを守りながら強力UVカット。「ニベアUV ディープ プロテクト＆ケア ジェル ¥1,078(編集部調べ)」

忙しい
大人女性の
お助け
スキンケア

Column

# タイムパフォーマンスのよい多機能スキンケア

スキンケアに時間をかけられない…そんな忙しい日には、多機能アイテムを取り入れたお手入れで、若々しく健康的な肌をキープ！

a

b

## 1本で3役！

化粧水・美容液・乳液／クリームがひとつになったオールインワンスキンケア。
簡単なのに丁寧にスキンケアをしたかのような満足感。

ⓐ「ビトアス マイパーフェクション Ⅰ・Ⅱ 各¥9,350」
ⓑ「SHISEIDO フューチャーソリューション LX コンセントレイティッド ブライトニングソフナー ¥14,300」

c

d

## 化粧水のあとにこれ1本でOK！

朝用乳液（朝用クリーム）・日焼け止め・化粧下地、3つの役割を1本で叶える。

ⓒ「エリクシール デーケアレボリューション＋ba ¥3,410」ⓓ「カネボウ クリーム イン デイ ¥8,800」

e

f

## W洗顔不要のメイク落とし

厚みのあるオイルで摩擦レス！

ⓔ「アテニア スキンクリア クレンズ オイル（レギュラーボトル）無香タイプ / 175ml ¥1,980」ⓕ「ララヴィ クレンジングバームEX ¥5,500」

# 大人のベースメイク

メイクの中で私がとくに大切にしているのがベースメイクです。顔の中で最も広い範囲を占める肌は、パッと見たときの印象に大きな影響を与えます。

たとえば夕方鏡を見たときに、顔がどんよりと疲れて見えると気持ちもどんよりしませんか？そんなふうに心に大きな影響を与える肌づくりはメイクの中でもとくに大切です。

年齢と共に増えていく肌の悩みを自然にカバーして、生き生きと若々しい肌に魅えると気分が上がります。最近のファンデーションはどれも優秀で、とてもきれいに仕上がりますが、肌に合っていないと、大人は午後に差が出ます。

一日中きれいが続くベースメイク選びのポイントは「肌に合った」ものを選ぶこと。これまでのファンデーションがなんだか合わないな？と感じたら、まずは肌タイプをチェック！

乾燥しやすい人は、保湿力の高いものを、皮脂が気になる人は軽やかで崩れにくいものを選ぶなど「今の肌」に合ったものを使いましょう。

# ベースメイクの
# 超基本のプロセス

ずっとつきあっていく大切な自分の肌
気になる肌悩みをベースメイクで自然にカバーすると顔も気分も上がります！

1

## 化粧下地

気になる肌悩みをファンデーションだけでカバーしようとするとつい厚塗りになりがち。化粧下地で和らげることで自然で若々しい肌に仕上がります→ 56ページへ

2

## ファンデーション

ファンデーションを顔全体に均一に塗っていませんか？メリハリ塗りでマイナス5歳肌→ 64ページへ

3

## コンシーラー

ファンデーションではカバーしきれないクマやコンシーラーを使用しましょう→ 73ページへ

4

## フェイスパウダー

化粧崩れ防ぐフェイスパウダー、大人の肌はフェイスパウダーをつけすぎると艶が消えたり老け見えするので注意
→ 80ページへ

5

## ハイライト・シェーディング

ハイライトは2種類、痩せた顔をふっくら魅せるハイライトと艶をプラスするハイライト→ 83ページへ フェイスラインのたるみを簡単にスッキリ見せるシェーディングは→ 85ページへ

# こんなお悩みありませんか？

年齢とともに多くの肌悩みが出てきますが、
この多くはベースメイクで解決することができます。

ファンデーションで
隠しきれない肝斑
→ カバーする方法
78ページへ

くすみ肌
→ 明るくトーン
アップ！
57ページへ

毛穴の凹凸が目立つ
→ くるくる塗りで毛穴
をカバー
59ページへ

頬の間伸びが
気になる
→ メリハリ塗りで頬
リフトアップ！
66ページへ

ほうれい線
→ すべらせ塗りで薄く
68ページへ

フェイスラインのたるみ
→ ファンデーションのメリハリ塗
りでスッキリ66ページへ
→ シェーディングでよりシュッと
小顔に85ページへ

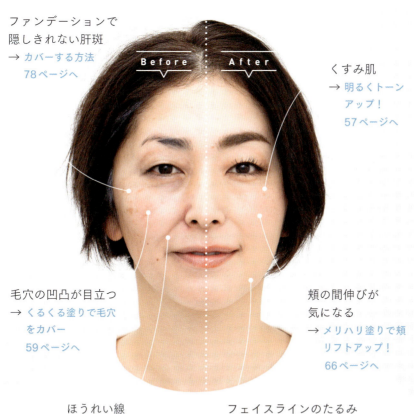

# マイナス5歳肌を手に入れる最初の2ステップ

## ①今の自分に合ったコスメを選ぶ

これまで使ってきた化粧下地やファンデーションがなんだか合わないなと感じたら、見直しのタイミングです。ここでは、肌質ごとに最適なベースメイクの選び方をお伝えします。

## ②効果的なコスメの使い方を知り挑戦すること

年齢を重ねて変わってきたのは肌だけではありません。こめかみが痩せてきたり、頬のお肉が痩せて顔が平坦になってきたり、ほうれい線やたるみが気になったり。今の年齢に合ったメイクのやり方を知り、歳それぞれの魅力を引きだしてみませんか。

※33～35ページでチェックした、それぞれの肌タイプに最適な化粧下地・ファンデーションの選び方を確認してみましょう。

## 普通肌

### 好みや使いやすさで　アイテムを選んでＯＫ

肌の状態が安定している普通肌は、気になる肌悩みや（下地一覧）仕上がりの好みに応じて自由に選んでＯＫ◎

たとえば、みずみずしく若々しい肌印象を目指すなら、「艶仕上がり」のリキッドファンデーションやクリームファンデーション、クッションファンデーションがオススメ◎

大人の品格ある上質な仕上がりを目指すなら、「セミマット仕上がり」のリキッドファンデーションがオススメ◎

簡単に仕上げたいときはクッションファンデーションやパウダーファンデーションも◎

季節や年齢によって肌の状態が変化することもあります、肌の調子に合ったものを選んで快適に過ごしましょう。

## 乾燥肌

### 保湿成分たっぷりのアイテムで　うるおい肌を目指す

とにかく保湿を第一に心がけたい乾燥肌。メイクをしている日中もずっと肌の保湿ができるような美容液成分たっぷりのベースメークアイテムを選んでみて

肌が発光するような艶肌に仕上げる微細パール配合の化粧下地もＧＯＯＤ◎

逆に朝のスキンケアで作った艶肌を消してしまうパウダーファンデーションは×

艶タイプのクッションファンデーションや、リキッドファンデーション、クリームファンデーションがオススメ◎

さらに艶を消さないようフェイスパウダーの使い方を見直しましょう。

## 混合肌

### 保湿と崩れにくさバランスを重視

水分が少なく部分的に皮脂が多い混合肌は、とにかくバランスが大事。

最近では美容液成分がたっぷり配合されながらも、化粧崩れを防ぐバランスのよい化粧下地やファンデーションが豊富です。

こっくりとした重めのテクスチャーのものよりも、みずみずしい軽めのテクスチャーの化粧下地やリキッドファンデーションがオススメ◎

皮脂が多く化粧崩れしやすいTゾーンはファンデーションの厚塗り注意！

ファンデーションの「メリハリ塗り」で時間が経ったときもキレイがつづきます

乾燥しやすい頬は、フェイスパウダーをつけ過ぎに気をつけて。

## インナードライ肌

### 保湿と崩れにくさバランス重視

皮脂は多いけれど水分が少ないインナードライ肌は、とにかくバランスが大事！

べたつくからと皮脂を抑えすぎると肌の乾燥が加速したり、パサっとして老けて見えやすくなるため注意が必要です！

うるおいながらも化粧崩れを防ぐロングラスティング効果のある化粧下地や、みずみずしいリキッドファンデーションがオススメ◎

厚塗りは化粧崩れの原因になるため、ファンデーションの「メリハリ塗り」をすることでキレイがつづきます。

また化粧まえのスキンケアも大切です。

朝の水分チャージで化粧のノリと化粧のもちが劇的にアップしますよ。

**脂性肌**

## 目指したいのは清潔感ある涼やかな肌

巷では、艶タイプの化粧下地やファンデーションが流行っていますが、脂性肌の人がつけると艶を通り越してテカリに見えてしまいがち。

過剰な皮脂をコントロールする化粧下地やさらっとしたパウダーファンデーション、マットな仕上がりのリキッドファンデーションがオススメ◎

毛穴が気になる人は、毛穴の凹凸をフラットに目立たなく魅せる化粧下地を取り入れてみて。

肌に艶をだしたいときは、ベースメイクはセミマットに仕上げて清潔感を、艶はピンポイントで部分的にプラスすると涼やかな清潔感ある肌と艶の両立が叶います。

---

ちゃんと自分の肌に合ったものを使っているのに
「時間が経つとほうれい線が悪目立ちする」
「ちゃんと化粧をしてもすっぴんに見られる」
という方も少なくありません。
一緒にその原因を探っていくと、ほんの少し置く場所がちがったり、ほんの少し量が多かったり、ほんの少し塗り方がちがっていました。

ほんの少しのことの積み重ねだから、なかなか自己解決することがむずかしい……そこでベースメイク編では、いつもの化粧品を効果的に使う「テクニック」をお教えします。

PART1でお伝えした「指の使い方4選」（p10）を活用しながら一緒にやってみましょう。

# 1　化粧下地（トーンアップ下地編）

## 欲しいのは若々しいハリ感とすっきりフェイスライン

＼ 肌を明るく見せるトーンアップ系下地や、
肌色を補正する色つき下地はここに塗る！ ／

**①広げる範囲**
顔の内側に逆卵型をイメージ。

＼ 注目!!
若魅えポイント ／

**②若見えポイント**
鼻横部分は年齢共に痩せていきます。この部分を明るくすることでふっくらと若々しく見えるのです。

**③逆卵型の外側は横顔（奥行き）**
この部分まで広げると顔だけ白く浮いて見えたり、顔が膨張して大きく見えるので注意

## 1-1 トーンアップ下地の塗り方

なんとなく塗るともったいないアイテムNo.1
効果的に使用して生き生きと若々しい肌を演出しましょう

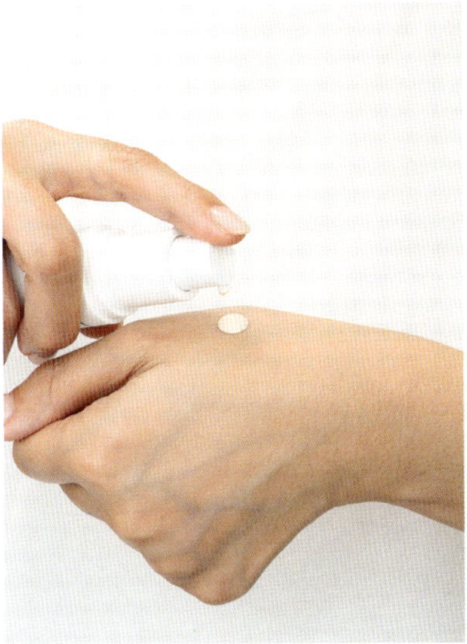

### 1 小豆粒大を手の甲にだす

顔の中心部分をカバーしたいのでこの量でOK！　両頬に多め、Tゾーンは少なめにのせる

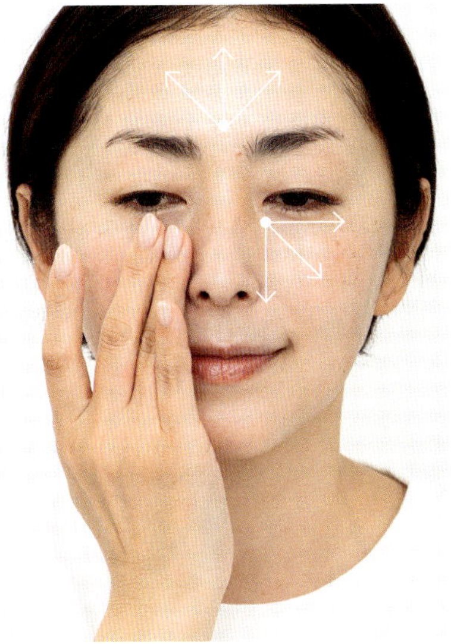

### 2 指を鼻横にセット

最初に置く位置が大切。年齢と共に痩せる鼻横部分からスタート。

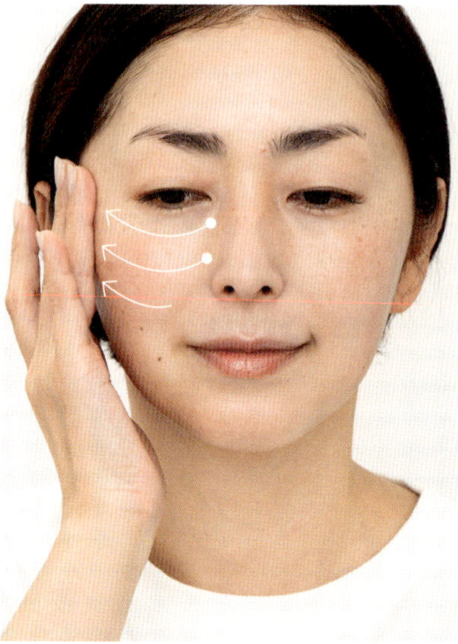

## 3 逆卵型の中心を明るく

顔の中心から外側に向かってやさしく伸ばします。

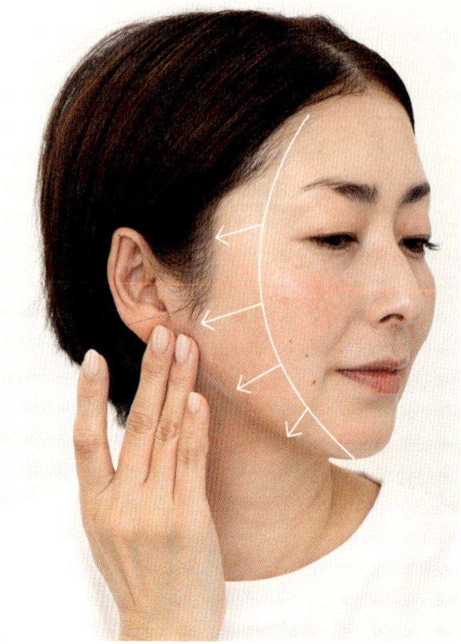

## 4 顔まわりをなじませる

逆卵形の外側部分は顔の奥行き、指全体ですべらせるようになじませる。

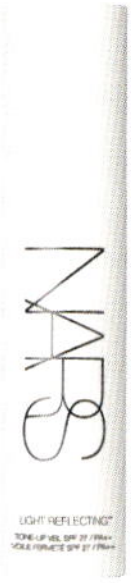


オススメ
アイテム

透明感と輝きをプラスするトーンアップ下地。「NARS ライトリフレクティング トーンアップヴェール ¥6,490」

## 1-2 大人の毛穴の隠し方

凹凸を化粧下地で埋めてならして
なめらかな肌に。

### 1 頬の毛穴

毛穴を平らにした状態にします。毛穴の気になるところにやさしくくるくる円を描くようにして凹凸を埋めましょう。

### 2 小鼻の毛穴

小さくくるくる塗り。いろんな方向から塗ることで毛穴の凹凸がフラットに。

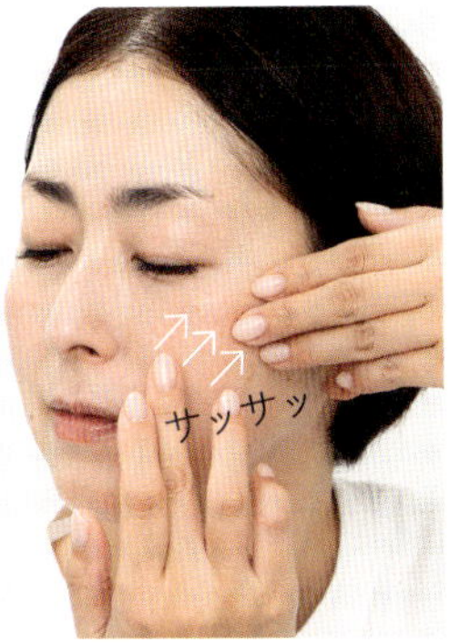


### 3 ほうれい線の毛穴

ほうれい線部分の線状に伸びた毛穴は下から斜め上にサッサッと塗りましょう。

使用アイテム

「イヴ・サンローラン ラディアント タッチ ブラープライマー ￥8,030（編集部調べ）」

## 1-3 艶下地の使い方

繊細な微細パールが配合された化粧下地は、
光を反射してみずみずしい肌を演出。
部分的に使う方法をご案内いたします。

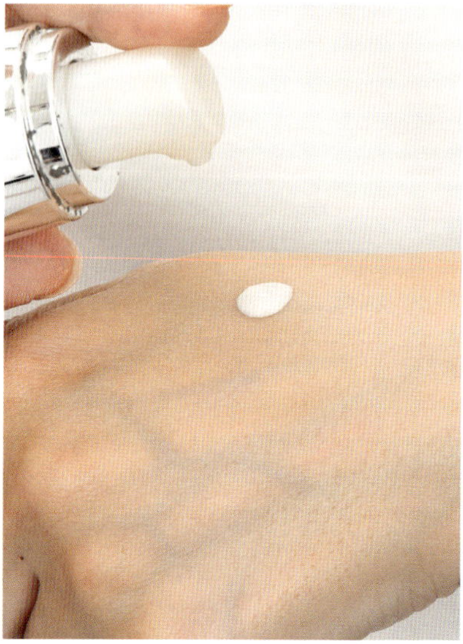

### 1 量を調整

部分的に使用する際は量を調整。頬に艶を仕込む場合、両頬で米2粒大でじゅうぶん。

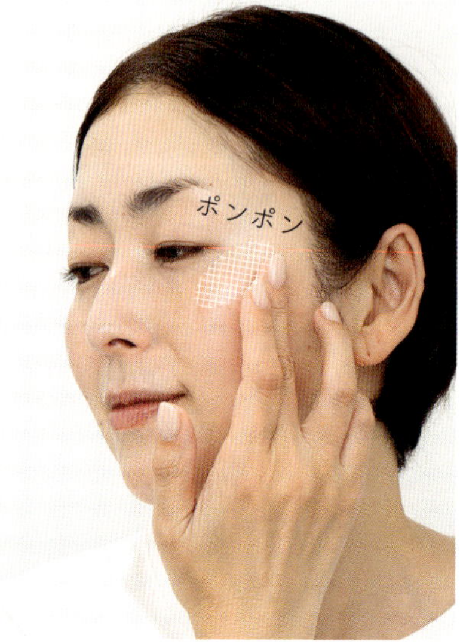


### 2 艶を仕込む

頬骨の最も高い位置に塗布してタッピング。

使用アイテム

「ジルスチュアート イルミネイティング ジェム セラムプライマー / 02 diamond gem ¥3,850」

## 大人肌にオススメ
# ゆひセレクト化粧下地

## 1　くすみが気になる

a
肌の凹凸やくすみを
ふんわり光の効果で補正

b
カラーバリエーション豊富
肌色修正はコレ！

## 2　日中の乾燥や乾燥ジワが気になる

c
敏感肌も使いやすい
トーンアップ下地

d
使うほどに肌しっとり
くすみを柔らかくカバー

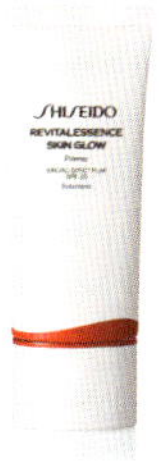

e
塗った瞬間ふっくら！
うるおい続く美容液下地

a「コスメデコルテ フローレススキン グロウライザー ¥4,950」
b「エレガンス モデリング カラーアップ ベース UV / 5色 各¥4,950」
c「ミノン アミノモイスト ブライトアップベース UV ¥1,760（編集部調べ）」
d「エトヴォス ミネラルインナートリートメントベース / 4色 各¥4,950」
e「SHISEIDO エッセンス スキングロウ プライマー ¥5,280」

## 3　化粧崩れが気になる

f

g

h

テカリや皮脂崩れを防ぎ
うるおい感もある化粧下地

肌の凹凸やくすみを補正
崩れない艶肌を叶える

乾くのにテカる肌の
頼もしい味方！

## 4　毛穴が気になる

i

j

毛穴の凹凸やくすみカバー
バランスのよい優等生下地

凸凹をするんと一掃し
つるんとなめらかな肌へ

f「RMK ロングラスティングUVベース ¥4,070」
g「ディオール ディオールスキン フォーエヴァー グロウ ヴェール ¥7,370」
h「マキアージュ ドラマティックスキンセンサーベース NEO / 3色 各¥2,970」
i「インウイ フィックスプライマー ¥5,500（※4/17より価格改定 ¥6,050）」
j「イヴ・サンローラン ラディアント タッチ ブラープライマー ¥8,030（編集部調べ）」

## 5　とにかく艶が欲しい！

k

内側から発光するように
艶めく

l

ふっくらと内側からの
ハリ艶感を演出

## 6　カバー力が欲しい！

m

どんな肌も均一に補正
上品なセミ艶感

n

毛穴やシミ色ムラを
自然にカバー

o

簡単にキレイに
仕上げたい！
そんな日のお助けCC

k「コスメデコルテ ロージー グロウライザー ¥3,520」
l「SUQQU ザ プライマー ¥11,000」
m「クレ・ド・ポー ボーテ ヴォワールコレクチュールn ¥7,700（※4/17より価格改定 ¥8,250）」
n「コスメデコルテ サンシェルターマルチプロテクショントーンアップCC / 3色 各¥3,300」
o「SK-II アトモスフィア CC クリーム ¥11,550」

## 2 ファンデーションは均一に塗らなくていいんです

　このようにレッスン中お伝えすると、ほとんどの方が「ファンデーションは顔の隅々まで均一に塗らないといけないと思っていた」とおっしゃいます。
　また「シミやくすみを隠そうとファンデーションをついつい重ねて厚くなってしまうのよね」「ファンデーションを塗っているのにすっぴんに見られる」など、日頃のファンデーションのお悩みを聞かせてくださいます。
　若いころのパンっと張った肌は多少の厚みにも耐えることができましたが、私たち大人のしなやかな肌は、ファンデーションを厚く均一に塗ってしまうとシワが悪目立ちしたり、ほうれい線に溜まったり老け見えの原因に。
　また、逆に厚塗りになるのがいやでファンデーションをうっすらと塗ると、肌の悩みが透けてすっぴんに見られがち。
　ファンデーションの全体使用量をお見せすると「こんなに少しでもいいんですか？」「いつもの半分くらいしか塗っていないのに、肌がキレイに見える」と驚かれます。
　必要なところにファンデーションをキチンと塗りつつ、必要ないところは思いきって減らす、このメリハリをつけて塗ることで劇的に仕上がりが変わります。
　次のページで、メリハリのつけ方を具体的にお伝えしますね。

# いつものファンデーションでマイナス5歳肌

## メリハリ塗りで若魅えリフトアップ!

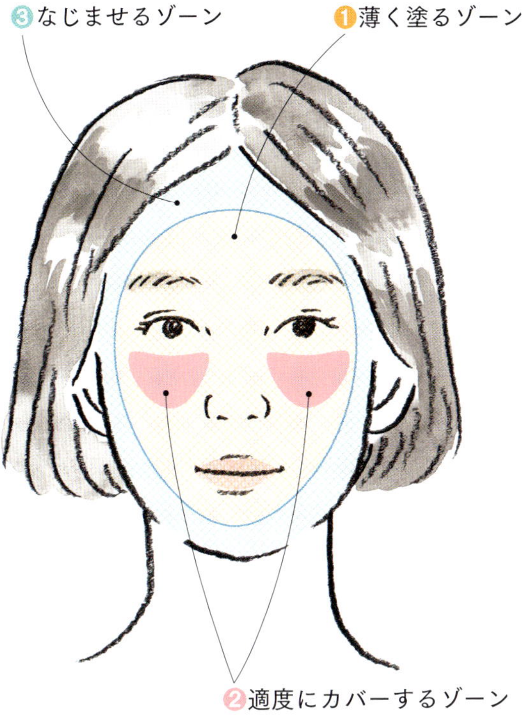


### ❶薄く塗るゾーン

汗皮脂の出やすいTゾーン、表情の動きにより皮フが伸縮する目元・口元は薄く塗ることで、キレイが続きます。時間が経ったときに差がでるのがこの薄塗りゾーン。

### ❷適度にカバーするゾーン

シミや色ムラといった肌悩みが集中しやすく、また目立ちやすい目の下の三角ゾーン。肌の印象は三角ゾーンで決まるといっても過言ではありません。

きちんとカバーすることで肌がキレイに見えるのはもちろん、頬の位置が高くなったかのようにハリ感がアップして見えるのです。

### ❸なじませるゾーン

顔の奥行き部分は直接ファンデーションを塗りません。フェイスラインまで均一に塗ると顔が大きく見えたり、顔だけ白浮きして見える原因に。

逆卵型の外側部分は自然になじませましょう。

## 2-1 メリハリ塗りリキッドファンデーション編

肌の印象はここで決まる
三角ゾーンに全集中！

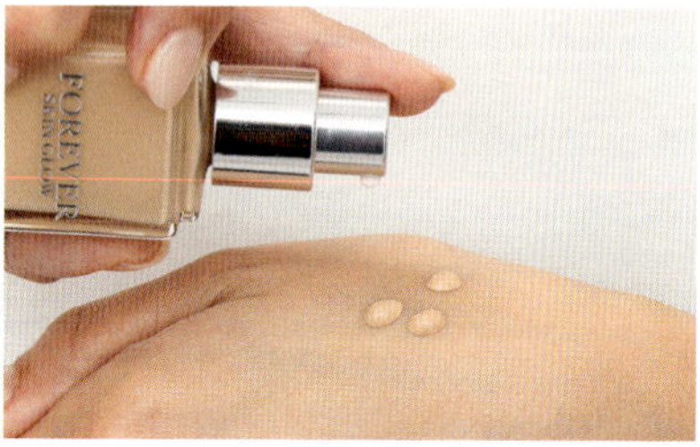

### 1 全体量の目安は米3粒ほど

頬は多めTゾーンは少なめにぬります。

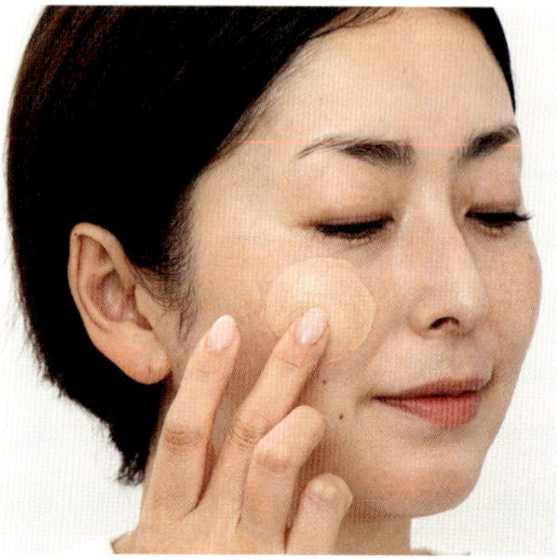

### 2 三角ゾーンにクルクル塗り

米1粒大のファンデーションを頬にクルクルと塗り置きます。このひと手間でキメや毛穴の凹凸が目立たなくなります。

## 3 三角ゾーンに全集中！

厚みのあるスポンジを使用し、三角ゾーン内から出ないように30回ほどタッピング。
ポンポンと繰り返すことでファンデーションが肌にピタッと密着。ファンデーションのカバー力を最大限に引き出すことができます。

使用ツール

ファンデーションが崩れやすい人、上手く塗れない人はフワフワスポンジを活用してみて！　「&be ブラックスポンジ ¥770」

## 4 すべらせ塗り

三角ゾーンのまわりをスポンジでスッスッとすべらせるようにぼかし広げます。もう片方の頬も同様に[3][4]仕上げる。

## 5 目元口もとはきちんと極薄く

目まわりは指先に残ったファンデーションやスポンジに残ったファンデーションを薄く塗布。

## 6 薄塗りゾーンをすべらせ塗り

額は中央から生え際へスポンジをすべらせるように薄く塗り広げます。鼻・口まわりも肌表面をすべらせるように、小鼻は小さく往復するように塗布。

オススメアイテム

全ファンデーション（パウダー、クッション、リキッド、クリームファンデーション、フェイスパウダー）に対応したマルチなパフ。「ロージーローザ　マルチファンデパフ 2P ¥638」

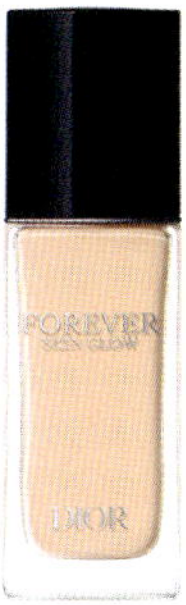


使用アイテム

カバー力と艶と化粧もちのバランスが素晴らしい、ゆひ愛用ファンデーション。「ディオール ディオールスキン フォーエヴァー フルイド グロウ / 11色 各¥7,700」

## 7 なじませる

顔の奥行き部分（フェイスライン）にファンデーションが溜まっていないか確認しながらなじませます。

## 2-2 パウダーファンデーション編

三角ゾーンのちょい足しで肌印象アップ！

### 1 パウダーファンデーションのムラづき防止

余分な油分をティッシュオフ。目のキワ、小鼻の脇、あご先を軽く押さえましょう。

シャカシャカ振って使う二層タイプのファンデーションはコチラの塗り方を参照

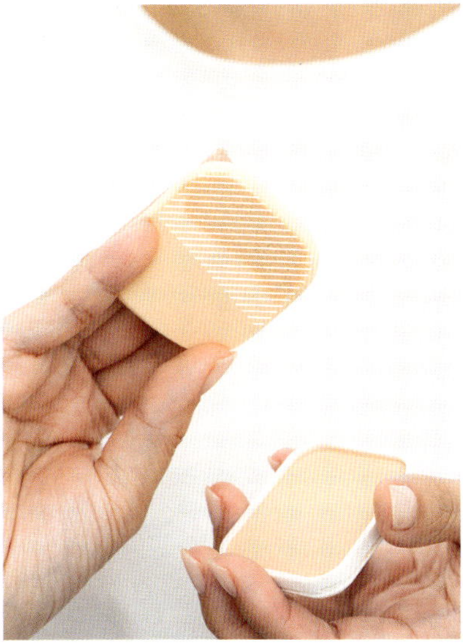

## 2 ファンデーションをスポンジに取る

スポンジ半分のこの量で顔半分を仕上げることができます。

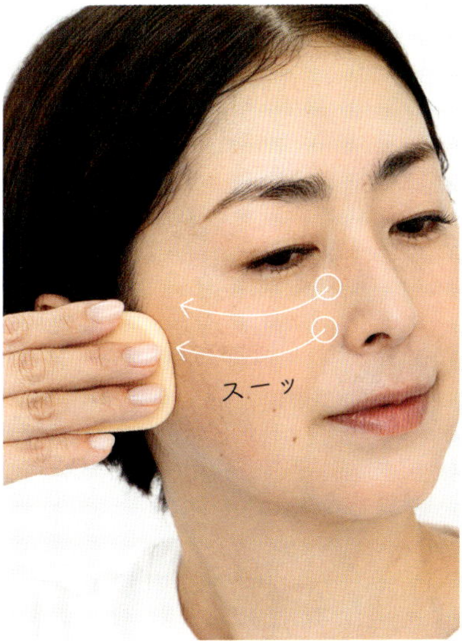


## 3 スポンジを鼻横にセット

顔の中央、から外に向かって肌表面をすべらせるようにのばし広げる。

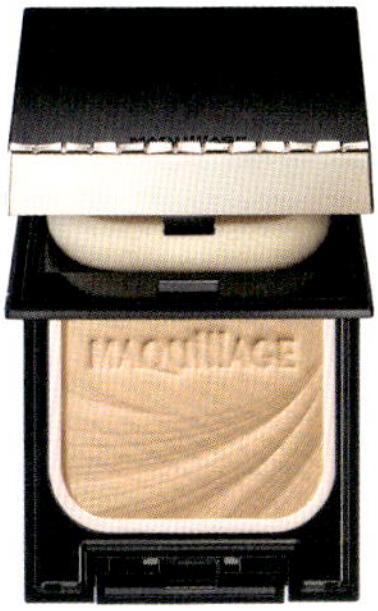


使用アイテム

▼

軽やかに密着し、自然な美肌を演出。「マキアージュ ドラマティックパウダリー EX / 8色（レフィル）各 ¥3,300、コンパクトケース S ¥1,100」

オススメアイテム

「ロージーローザ シフォンタッチスポンジN ダイヤ型 ¥418」

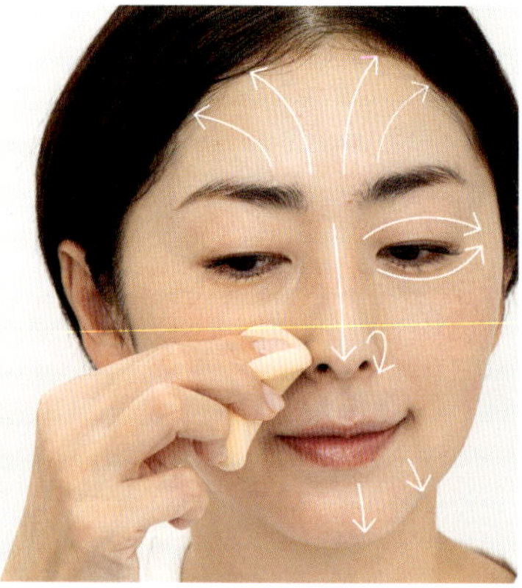

## 4 薄く塗る範囲をすべらせ塗り

Tゾーン、目まわり、口まわりはスポンジに残った少量のファンデーションで仕上げます。

## 5 追いファンデーションできちんと感アップ！

もう少しきちんと感（化粧感）を出したいときは少量のファンデーションを三角ゾーンに重ね塗り。

## 6 フェイスラインをなじませて完成

ほとんど何もついていない状態のスポンジで、逆卵型の外側部分、フェイスラインをスッスッとなじませて完成

# 3　コンシーラーの使い方

## 頑張りすぎず7割隠す

ファンデーションを仕上げたら、少し離れたところから鏡を見てチェック！
それでも気になる場合はそれぞれの悩みに応じて
コンシーラーを使い分けましょう。

ただし、コンシーラーは塗り過ぎると老け見え一直線。
頑張りすぎないことが大切です。

**肝斑（かんぱん）**
左右対称にぼんやりと広がるシミ。
→78ページへ

**茶クマ（ちゃくま）**
色素沈着が主な原因、メラニンが蓄積して皮フ自体が茶色く見えるクマ
→76ページへ

**青クマ（あおくま）**
目の下が青っぽく見える
目の疲れや寝不足などにより現れるクマ
→74ページへ

**黒クマ（くろくま）**
目の下の段差の影が黒っぽく見えるクマ
→77ページへ

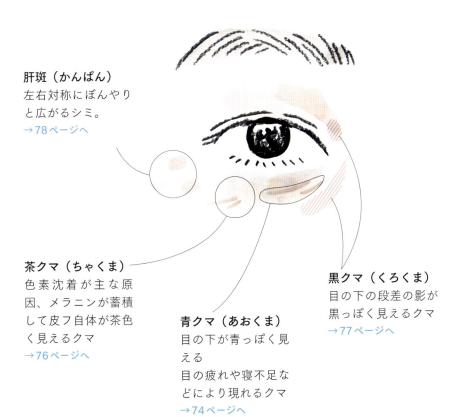

## 3-1 日によって出現したり濃くなる青クマ

### コンシーラーの厚塗りは老けて見え一直線
### 青クマはオレンジ色でカバー

1 コンシーラーをブラシになじませる

青クマカバーに最適な色はオレンジ、色白さんはピーチ系やサーモンピンクがオススメ。

2 濃いところを狙い撃ち

鏡を見てクマの濃い部分をチェック。最も濃いところを狙っておきます。

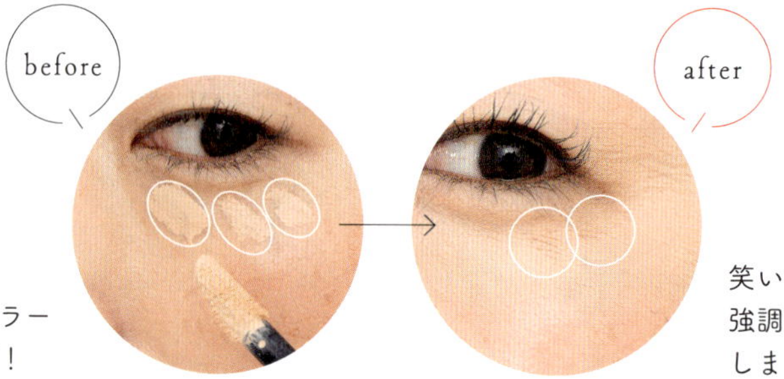


NG

このコンシーラーの量は多すぎ！

笑いジワが強調されてしまいました！

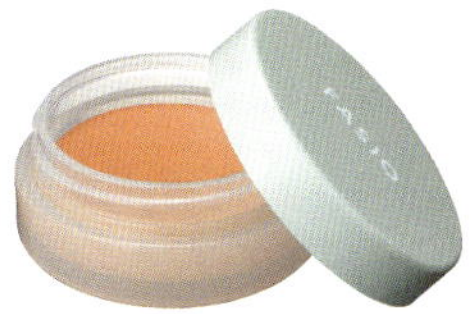

使用アイテム

健康的な肌色、平均的な肌色の青クマさんに。「ファシオ　ウルトラカバー アイコンシーラー WP / 00 オレンジベージュ ¥1,100(編集部調べ)」

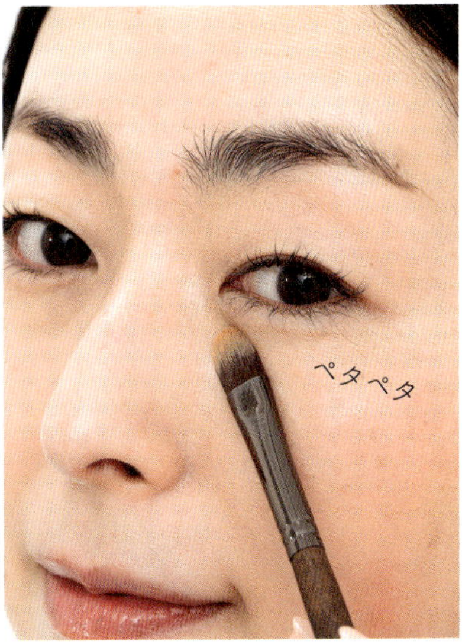


## 3 肌にフィットさせる

ブラシの面部分を使ってペタペタとコンシーラーを定着させる。

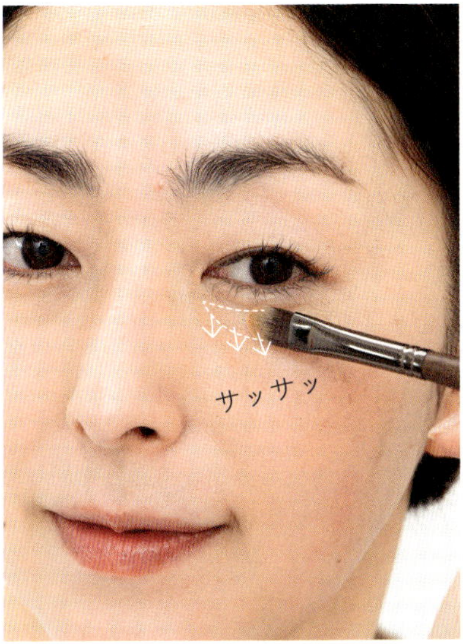


## 4 まわりをなじませる

ブラシの先端を使い、コンシーラーの境目から外側に向かってぼかします。

## 3-2 色素沈着で定着しがちな茶クマ

厚塗りはNG！　保湿効果のある軽いテクスチャーの
コンシーラーを使って狙ってカバーが正解。

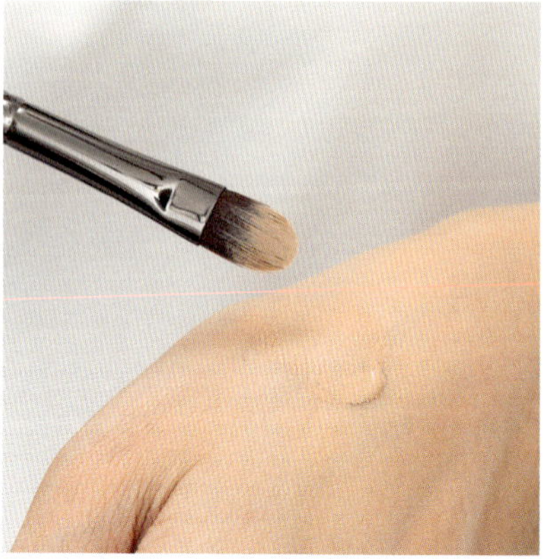

### 1 コンシーラーをブラシになじませる

コンシーラーをなじませながら、余分なコンシーラーを取り除く。

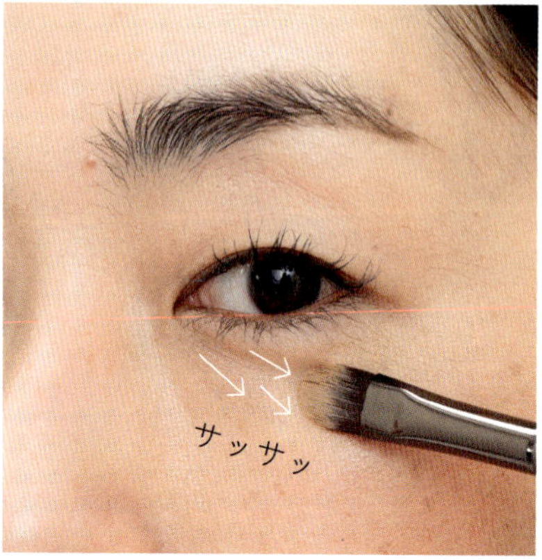


### 2 クマの範囲をチェック

茶色い部分を狙ってブラシの先端でサッサッとなでるようにコンシーラーを塗ります。

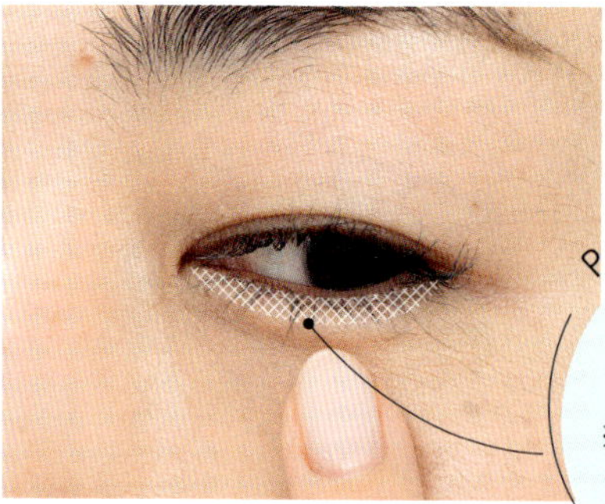

Point

目のきわギリギリ
までつけない
※目が小さく見えたり、
一気に老け見えする
ので注意

## 3-3 目の下のたるみ影に見える黒クマ

**肌よりも1トーン明るいコンシーラーをセレクト。**
**レフ板効果でふっくら若々しく魅せる。**

**コンシーラー/ハイライター**
光を味方に、肌に透明感と立体感を与える筆ペン型ハイライター。
「イヴ・サンローラン ラディアント タッチ」

### 1 「人」の字をかくように2本

凹凸の影が強まる目頭側から真下におろすように1本目、目の下の膨らみのいちばん低い影の部分に2本目を引きます。

### 2 明るさでふっくら魅せる

1本目と2本目のなかを埋めるように、やさしくポンポンと定着させる。

**Point**

青クマ（または茶クマ）も気になる場合は、先に青クマカバーをしたあとに黒クマカバー

## 3-4 ファンデーションで隠しきれない肝斑

濃くなった肝斑はコンシーラーでカバー。

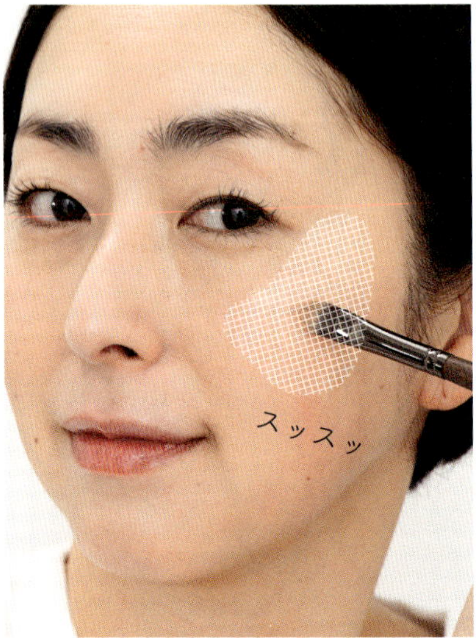


### 1 狙ってすべらせ塗り

ブラシ先でスッスッとなでるように肝斑部分をカバー。

### 2 肌に垂直にタッピング

ふわふわスポンジの弾力でコンシーラーをフィット。やさしいタッチでポンポンと定着させて完成。

オススメ
アイテム

絶妙なオレンジとしっとり感が肝斑カバーに◎
「&be ファンシーラー ¥3,850、リフィル / 4色各¥1,650」

## 大人肌にオススメ
# ゆひセレクトコンシーラー

目元の悩みカバーからハイライトとして使えるコンシーラーまで、大人の肌にうれしい保湿とカバー力を両立したコンシーラーが豊富。

a

高いカバー力と
クリーミーな質感

b

しっとり保湿し肌に
密着してカバー

c

アイケアをしながら
目元の悩みを一掃

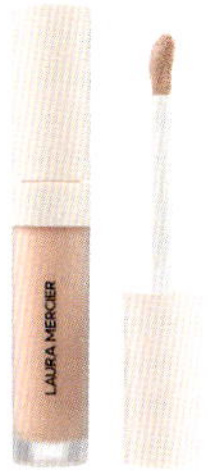


d

肌に溶け込み
艶感とカバーが持続

a「ディオール ディオールスキン フォーエヴァー スキン コレクト コンシーラー / 11色 各¥5,720」

b「カネボウ デザイニングカラーリクイド / 5色 各¥3,300」

c「ポーラ B.A 3D コンシーラー / 2色 各¥6,930」

d「ローラ メルシエ リアル フローレス ウェイトレス パーフェクティング コンシーラー / 8色 各¥4,730」

# 4　フェイスパウダー

## お粉はパーツごとにメリハリをつける。

**ファンデーションの艶が消えた、肌が老けて見える、**
**隠したはずのシミや肝斑が浮き出てくる……。**
**肌を老け見えさせる原因は、実は“つけすぎ”や“使い方”かも!?**

**②Tゾーンやあご先**
汗皮脂の出やすいTゾーンはテカリをおさえることで清潔感UP！

**①眉の中の地肌**
サラサラにすることで眉が消えにくくなる。

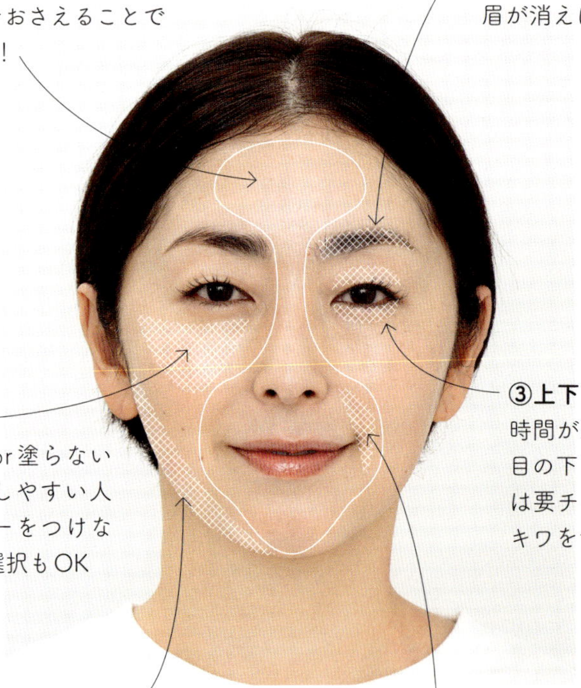

**④頬**
薄くぬるor塗らない
頬が乾燥しやすい人はパウダーをつけないという選択もOK

**③上下まぶた**
時間が経ったときに目の下が黒くなる人は要チェック！目のキワをサラサラに。

**⑥フェイスライン**
髪の毛の付着などペタペタが気になる人は、フェイスパウダーをつけることで顔まわりをサラサラに◎

**⑤ほうれい線**
皮フがよく動くほうれい線部分は、フェイスパウダーをつけてファンデーションのヨレを防ぎましょう。

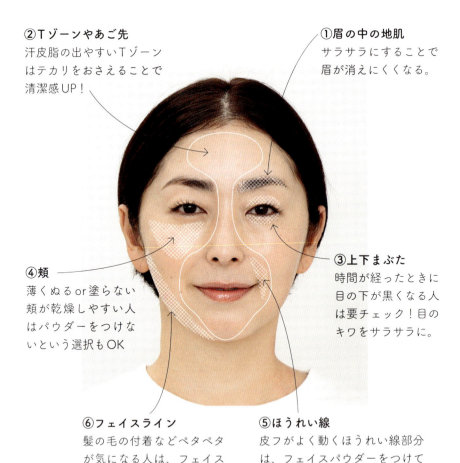

## 4-1 フェイスパウダー基本の使い方

ブラシでつけると軽やかに艶を出しやすく
ナチュラルに仕上がります。
化粧崩れしやすい方はしっかりつくパフで
塗るなど使い分けましょう◎

### 1　使用量の目安

顔全体の使用量の目安は茶さじ1杯分。外蓋にお粉を出し、お茶をたてるようにブラシでくるくると円をえがき、粉をふくませる。

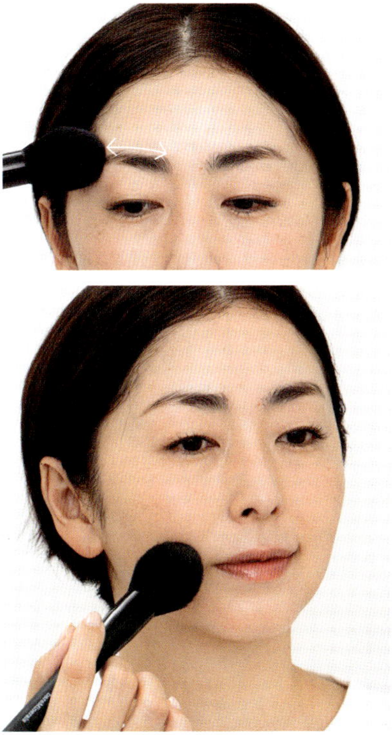

### 2　Tゾーンからスタート

ブラシはそっとなでるようにすべらせるのがポイント。額からスタート→鼻→眉の中→口まわり→目まわりの順につけます。

ここで使っているブラシは、「ベアミネラル シームレス シェイピング ＆ フィニッシュ ブラシ」（13ページ）

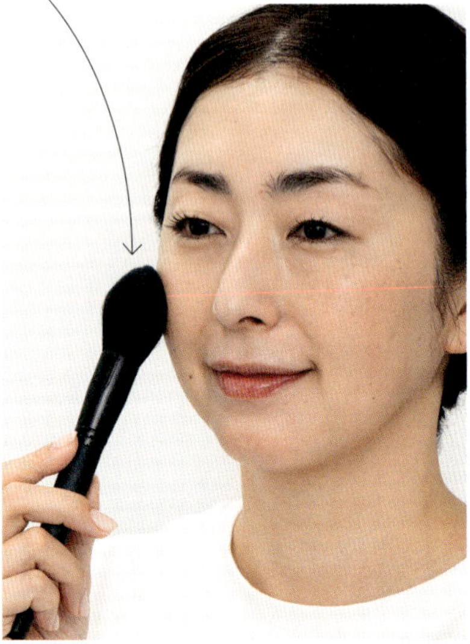

## 3 肝斑部分はフワフワのせ

隠した肝斑やシミが浮き出やすい人はブラシの面でフワフワのせましょう（こすりとらない）。

## 4 パンダ目は防げる

ブラシを目のきわギリギリにセット。目頭から目尻まで7〜8往復してサラサラに。

# 5 ハイライトの使い分け

## 5-1 へこんだ部分をふっくら魅せるハイライト

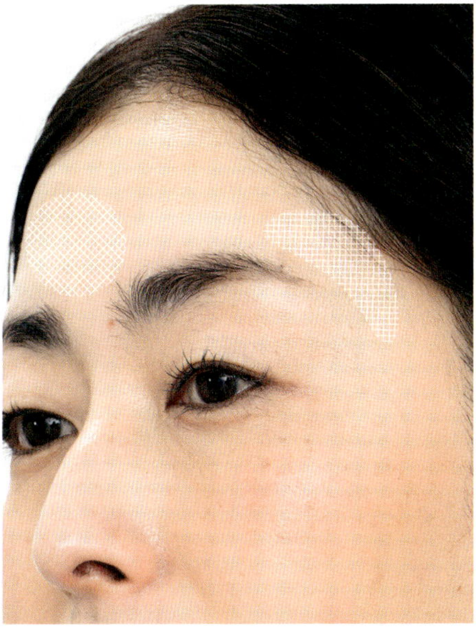

### 1 ふっくら魅せるハイライト

肌よりもかなり明るいハイライトコンシーラーやマットタイプのハイライトを使用。こめかみや、平らになった額の中央部分に、明るさでふっくらとした立体感を演出。

使用アイテム

大人の肌に、自信を纏うコンシーラー。「ジルスチュアート ダイヤモンドティップス コンシーラー〈カバータイプ〉/ 5色 各¥3,300」

## 5-2 肌に艶をプラスするつやハイライト

つやハイライトはTゾーンやCゾーンなど
広範囲に面で入れると
“テカリ”に見えたりシワや毛穴の凹凸が悪目立ちしがち。
「面」ではなく「点と線」で入れると
自然な艶肌が手に入ります。

目頭と鼻の付け根に入れる

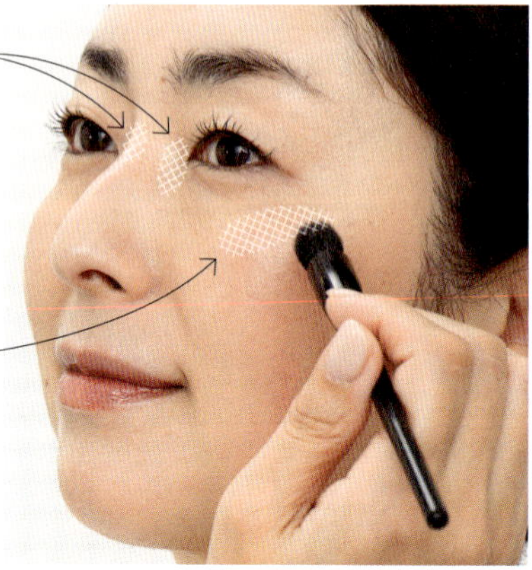

最も光が集まる「頬骨のいちばん高いところ」に線状にサッと軽くのせる。

使用アイテム

しっとり艶めくクリームフェイスカラー。「エレガンス スリーク フェイス N / PK107 ¥3,300」

上品な艶と血色感をプラス。「ボビイ ブラウン ハイライティング パウダー / 38 ピーチグロウ ¥7,920」

## 5-3 シェーディングの使い方

小顔ブームが続いていますが、
くすみや凹みが気になる私たち大人は、ローライトは入れすぎ注意！

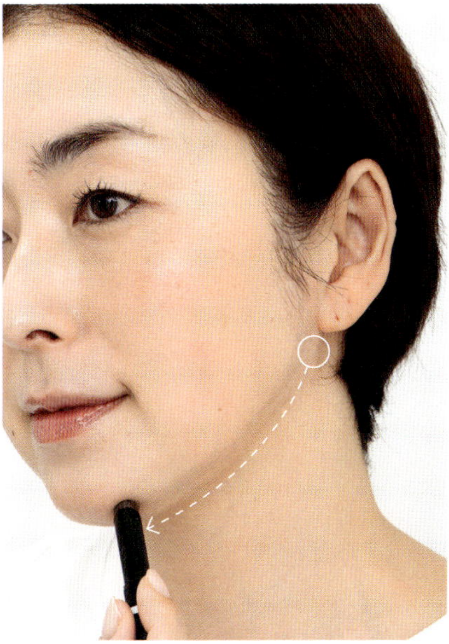

### 1 フェイスラインに

耳の下からあご先まで骨に沿ってローライトを入れます。

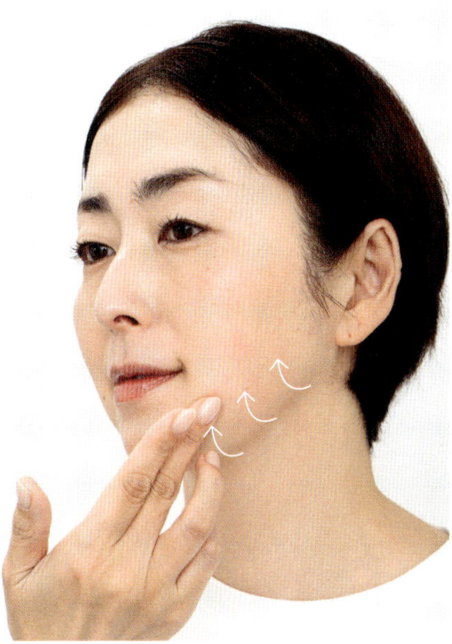

### 2 なじませて自然に

外側から内側にぼかしましょう。

使用アイテム

自然な陰影を演出するフェイスカラー。「カネボウ シャドウオンフェース ¥3,300」

オススメアイテム

「キャンメイク シェーディングパウダー / 3色 各¥748」

# 「忙しい日やリラックスしたいときは赤リップや小物を活用」

**赤リップ**
リップで血色感を補えば、生き生きとした印象と、きちんと化粧をした雰囲気が手に入る

**大ぶりのアクセサリー**
なんだか地味だな…と感じたら、思いきって大ぶりのアクセサリーにチャレンジして華を添える

**メガネ**
アイメイクをお休みしたいとき、メガネのフレームの存在感が目の印象をサポート

使用アイテム

「羽根をモチーフにしたウールベレー帽“PALRA”(ゆひ私物)。エナジー帽子店」

オススメアイテム

透け感があり、鏡を見なくても塗れる色つきリップクリームが大活躍。「ニベア リッチケア＆カラーリップ / シアーレッド（左）、ボルドー（右）各¥847（編集部調べ）」

PART 4

# 大人のメイクアップ

細眉から太眉、濃い囲みアイメイクなど、さまざまなメイクの流行を見聞きしてきた私たちですが、いま目指したいのは生き生きと健康的に若々しく見えるメイク。

まずは鏡を見て今の自分の顔と向き合ってみましょう。

例えば、まつ毛の生え際が見える人はアイラインが効果的です。

アイラインは入れ方によって目を丸く見せたり、シュッと切れ長な目に見せるなど、表現の幅が広いアイテムですが、まずはあなたの目の輪郭そのものを際立てることからはじめましょう。

下向きに生えているまつ毛をまつ毛カーラーで上げると、隠れていた本来の目の形が顔をだします。

「わたしのまつ毛、ちゃんとあったのね」と驚かれたり、「目がパッチリ見える」と鏡を覗きこむ瞳には光がはいりキラキラとして、表情まで生き生きと輝きだすのです。

そんな姿を見てわたしもうれしくなります。

# ポイントメイクの基本のプロセス

時代や流行に左右されないミニマルなメイクで、
自然な若々しさと美しさを引き出しましょう。

## 1 フンワリ若々しい眉の描き方

- 眉の全体像をイメージ→ 89ページへ
- 眉の白髪が気になる→ 94ページへ

## 2 マイナス5歳を叶えるアイメイク

- まぶたのくすみ凹みを和らげるアイシャドウ→ 97ページへ
- 目力を復活するアイライン→ 100ページへ
- まつ毛の存在感を引きだし目元リフトアップ→ 104ページへ

## 3 失敗しない大人チーク

- 顔色がよく見える位置と入れ方で自然な血色感をプラス
→ 110ページへ

## 4 薄くなった唇をふっくら魅せる方法

リップラインを使いふっくら唇→ 115ページへ

# 眉の全体像を確認しましょう

眉を描くときのポイントとなる「眉頭」「眉山」「眉尻」の
位置が決まれば描きやすくなります

● **眉山**
白目の端あたりを目安に

● **眉頭**
小鼻の付け根の直線上

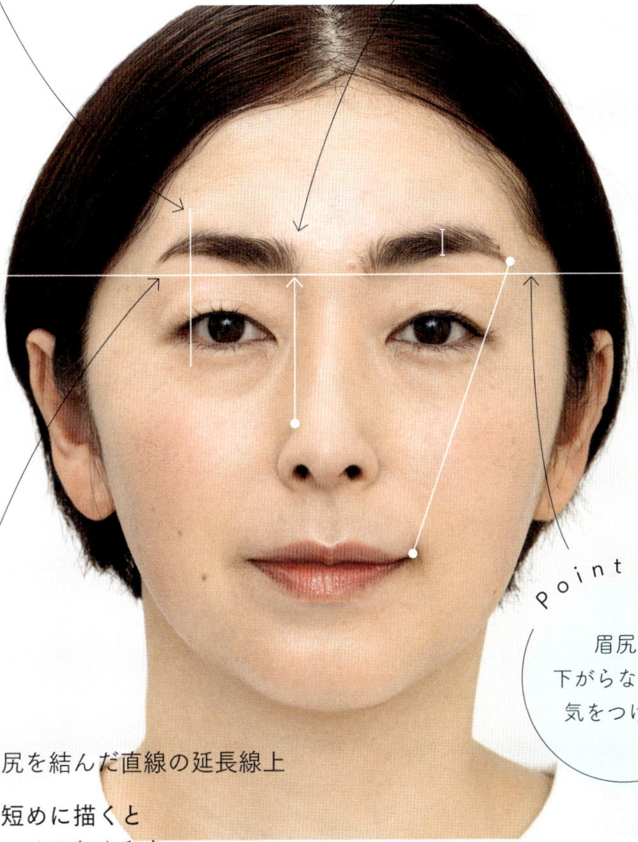

Point
眉尻が
下がらないよう
気をつけて！

● **眉尻**
口角と目尻を結んだ直線の延長線上

・眉尻を短めに描くと
→若々しく元気な印象に

・眉尻を長めに描くと
→大人っぽく落ち着いた印象に

こんな
お悩みを
解決！

# 1 眉の左右差が気になる どうやって 合わせたらいいの？

年齢とともに左右差が顕著になる眉
「眉頭」を揃えるだけで眉全体のバランスが整いますよ！

＜眉を観察してみましょう＞
＼ 顔の中央の線を基準に左右の眉頭をチェック！ ／

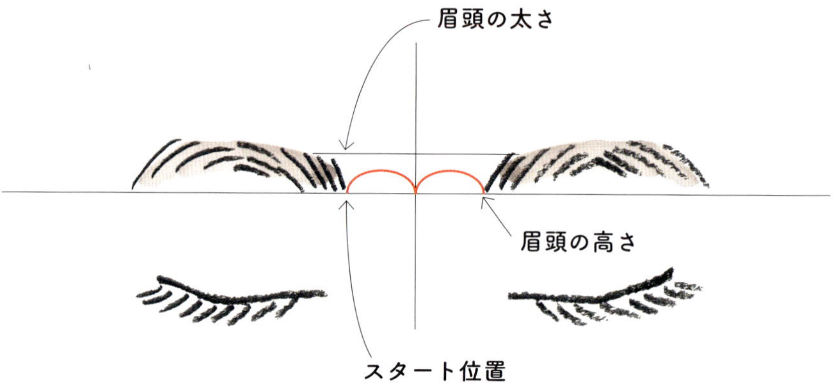


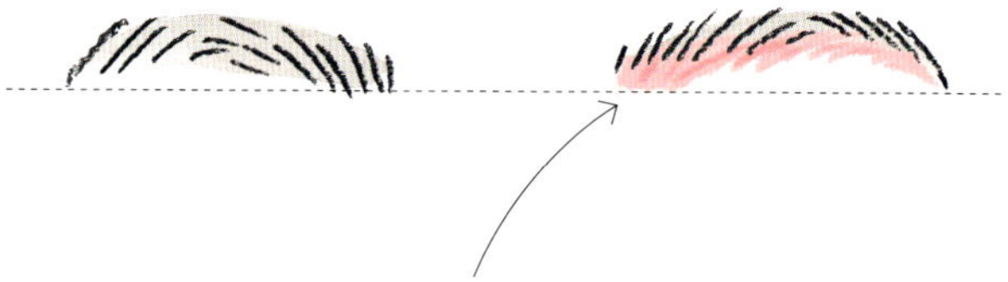

お悩み例：左右の高さが違う
高いほうの眉の下側を足すと…左右の高さが合ってきます◎

## 1-1 フンワリ感で作る若々しい眉の作り方

髪色に近いアイブロウパウダーをメインに使うことでふんわりとした立体感と柔らかな若々しさをプラス。
アイブロウペンシルで描くのは眉尻部分や足りないところだけにとどめてみて。

**パウダー**
「KATE デザイニングアイブロウ3D」

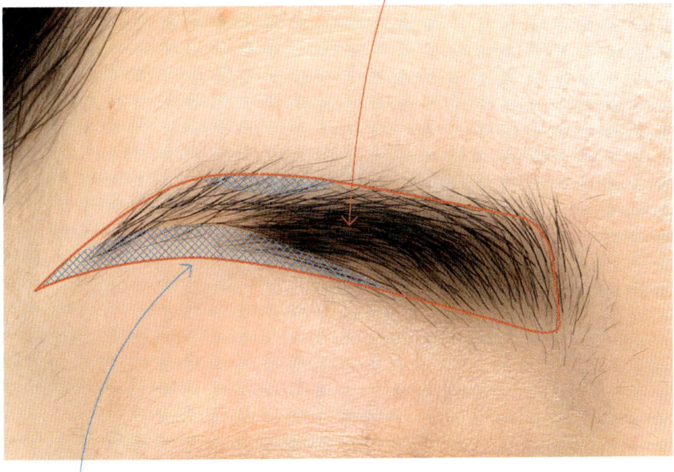

**ペンシル**
「ファシオ　アイブロウ ペンシル / 01 グレー」

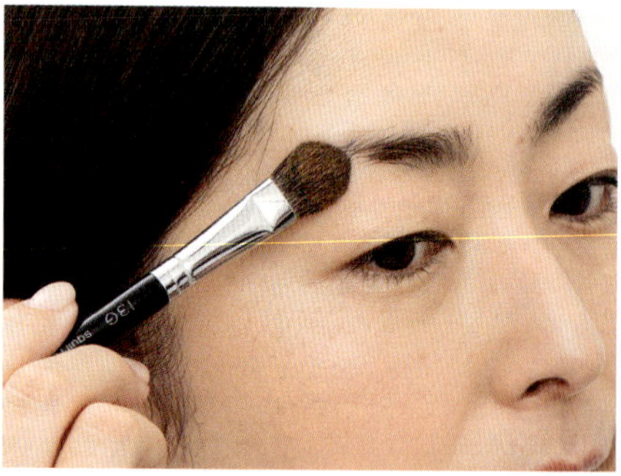

## 1 パウダーで眉の中をさらさらに

眉の中にスキンケアなどの油分が残っていると描きづらくなり、描いた眉が消える原因に。

## 2 眉毛の流れを整える

毛流れに沿って全体をスクリューブラシでとかします。

## 3 アイブロウパウダーの準備

ブラシにつけたパウダーを手の甲でいったんなじませてから眉にのせていく。

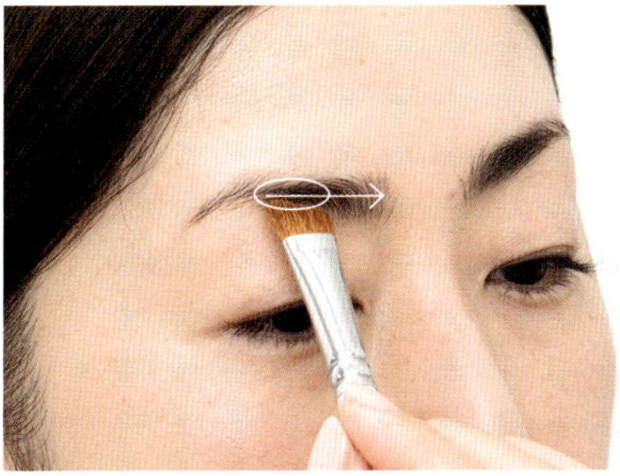

## 4　ふんまり眉頭を作る

ブラシを眉中央から眉頭に向かってスライドさせる。数回繰り返し、反対側も同様に行います。

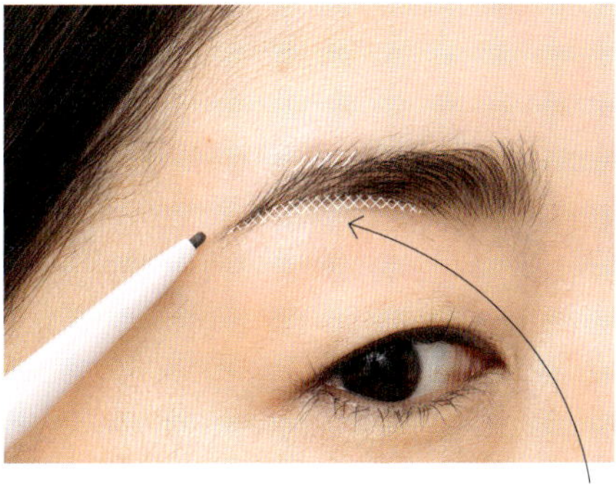

## 5　眉毛のない部分をペンシルで描き足す

アイブロウペンシルで眉尻や眉の下の輪郭を整えるように描き足す。

眉尻が細い人は下側に太さを足すようにすると、まぶたの余白が目立たなくなる

## 6　ペンシルの上にパウダーを重ねる

アイブロウペンシルで描いた部分にアイブロウパウダーを重ねるとふんわり感がアップ。

## 1-2 眉マスカラの基本の使い方

眉毛の色を髪色に合わせて統一感をだしたり
眉毛の白髪をカモフラージュ！

＼ こんな人にオススメ！ ／

- ☑ 眉毛の色を明るくしたいor変えたい
- ☑ 眉毛の白髪が気になる
- ☑ 眉毛の生えているところと生えていないところの差が目立って気になる

※眉毛の白髪は抜かないで、眉マスカラを活用しましょう

### 1 使うまえにブラシをしごく

眉マスカラは、つけすぎると眉がのっぺりしてしまうので、使う前に口の部分でブラシをしごいて余分な液を落とす。

**眉マスカラ**
「キスミー ヘビーローテーション カラーリングアイブロウEX」

## 2　逆毛を立てるように

ブラシは地肌につかないように肌に対して平行に動かす。

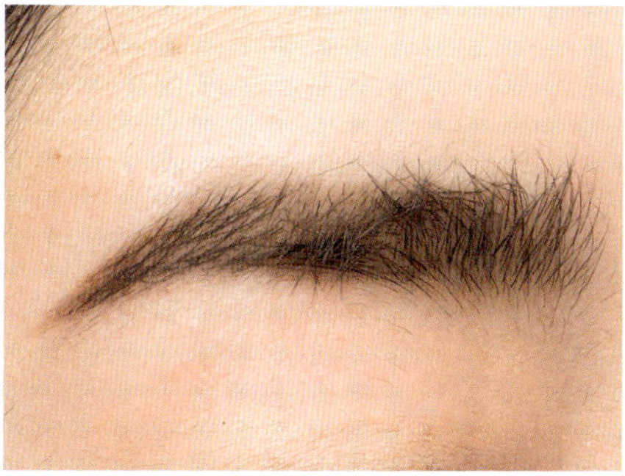

## 3　眉毛の裏側につける

まずは白髪や黒い毛の裏側までしっかりつけます。毛が散らかりますが大丈夫◎

## 4　毛流れをととのえる

次に、眉頭は上に徐々に斜めに眉尻は斜め下に、眉の表面に色を付けていきます。毛流れを整えながら色をつけたら完成。

# 2　マイナス5歳を叶える大人のアイメイクはここ！

くすむ・垂れる・ぼんやりする
大人の目元の3大悩みはこの3つのポイントで解決！

Point1

**まぶたのくすみ凹み**
まぶたの彫りを強調する
グラデーション
アイシャドウを卒業
若々しい印象に

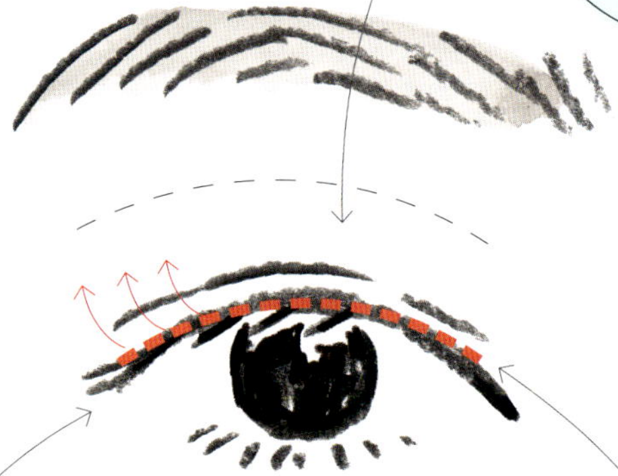

Point2

**目力UP**
まつ毛が増えたように
見えるアイラインで、
目力を引き出す

Point3

**目元リフトアップ**
隠れたまつ毛の
存在感を引き出し
まつ毛を上向きに

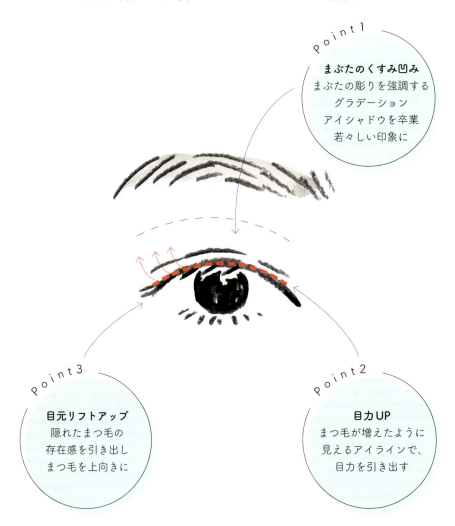

## 2-1 大人のアイシャドウ

### アイシャドウパレットは1度に全部使わなくてOK

### 1 まぶた全体につける ベースカラー

まぶたのくすみを取り去りくぼみを和らげる明るいベージュや白ピンクは必需品。

使用ツール

▼

「SHISEIDO NANAME FUDE マルチ アイブラシ ¥3,300（※4/17より価格改定 ¥3,410）」

### 2 ブラシにたっぷり取って まぶたのきわからスタート

くぼんでいる部分よりもやや広めに明るいカラーをなじませます。

## 3 メインカラーで色を愉しむ

メインカラーをまぶた全体の1/3の幅につける。オススメはマイルドなオレンジやピンク。

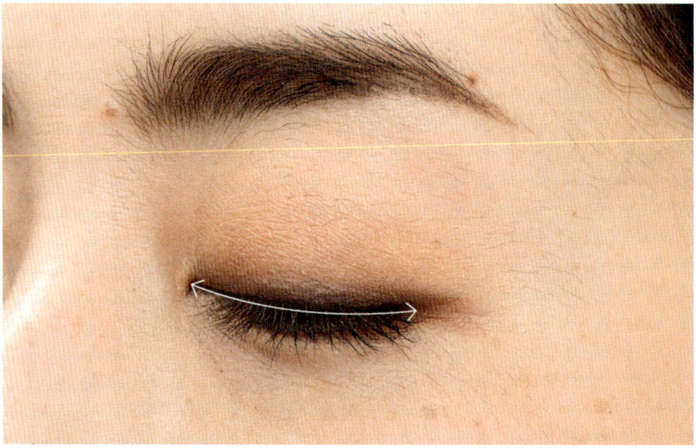

## 4 濃い色のアイシャドウで目力をボリュームをアップ

上まぶたの目のきわに（100ページA部分）アイラインを引くようにいれる。

## 2-2 下まぶたのアイシャドウメイク

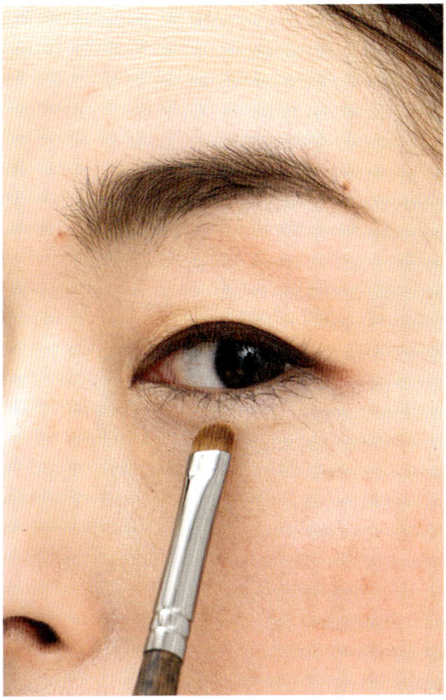

### 5 瞳をクリアに魅せてくれる

白やベージュなどのライトカラーを目頭から黒目の下で消えゆくように入れる。大人（メイクの場合）は2〜3ミリ程度が上品。

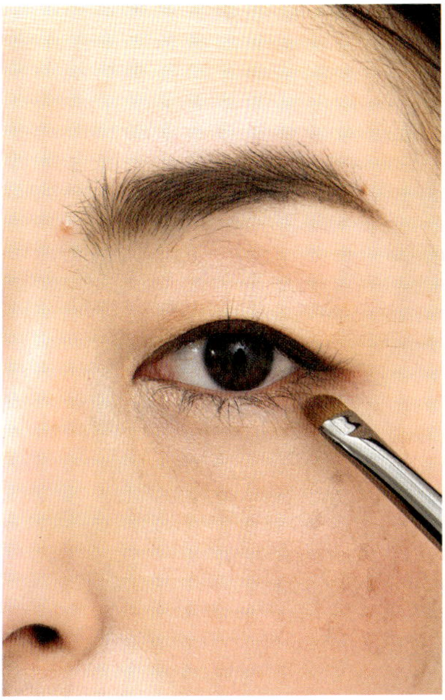

### 6 さりげなく下まぶたの輪郭を強化

中間色や愉しみたいメインカラーを目尻から下まつ毛の間を埋めるように細かく入れます。黒目の下で消えゆくように入れていくと◎

## 2-3 目ヂカラ復活アイライン

ぼんやりしてきた目元を復活させてくれる大切なアイテム。
効果的な入れ方を練習しましょう

Ⓐまつ毛のすぐ上にひくアイライン

Ⓑまつ毛とまつ毛の間（頑張りどころ）

Ⓒ目尻のアイライン

Ⓓ粘膜部分

Point

大人の目力UPの最強POINTは、Ⓑ！

まつ毛Ⓑは何段かの層になって生えています。そのため一気に引こうとしても引けません。
まずはアイライナーの先端をまつ毛の隙間にセット。ペン先を左右に細かくチョコチョコと揺らしながら、まつ毛をかき分けるように埋めていきます。目頭からまつ毛の終わりまで、点と点を繋げて線にしていきましょう。

## 2-4 アイラインで目力UP！

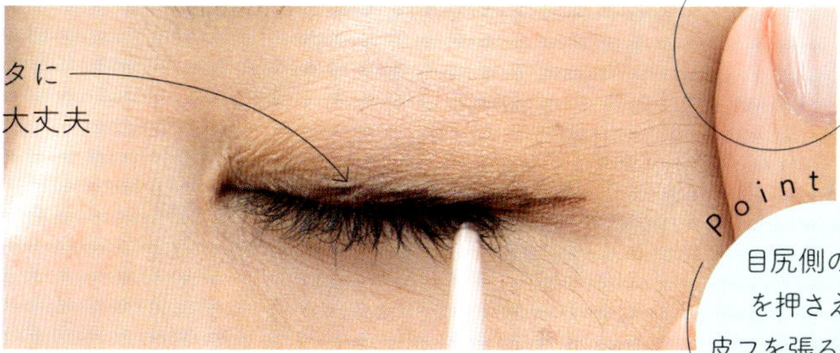
ガタガタに
なっても大丈夫
目尻側の皮フ
を押さえて！
皮フを張るとライン
が引きやすくなる


### 1 まつ毛の間を埋めるアイライン

まつ毛の間Ⓑを埋めていると、まつ毛の上Ⓐにはみ出ることもありますが大丈夫◎　それは頑張って埋めようとした証、次のステップで補正します。

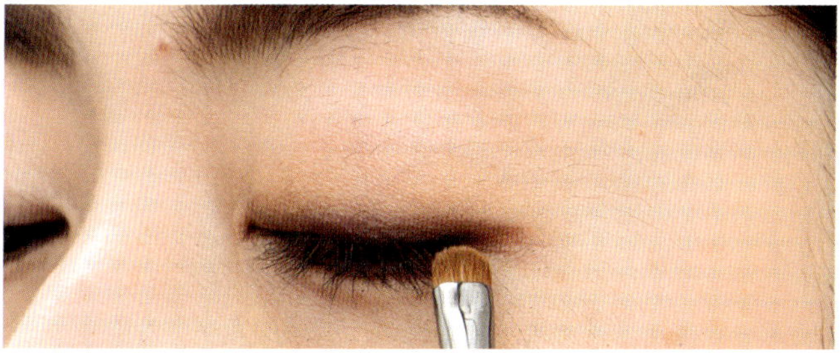

### 2 濃いアイシャドウで補正して完成

ポイントアイシャドウブラシまたは細いチップに濃い色のアイシャドウをとり、Ⓐ部分はガタガタとはみ出たアイラインをぼかすように往復すると、ガタガタが目立たなくなり深みへと変換、まるでプロの仕上がり。

## 2-5 アイライン応用編

目力UPアイラインに慣れてきたら＋αでチャレンジ！

＼ こんな人にオススメ！ ／

- [x] 目幅を大きく見せたい
- [x] 垂れ目やつり目を補正したい

Point

目頭のラインと
目尻の延長線上
に描くと自然

# 1 行き先を決める

鏡を真正面に置き、目尻のラインの終わりに目印をつけます。目尻のアイラインの長さの目安はまつ毛1本分に。

Point

皮フを押さえて
ハリをもたせる

# 2 力を抜いて引く

黒目の外側あたりからスタートし、1でつけた印に向かって繋げましょう。

Column

# アイライン成功のカギは鏡の使い方

アイラインを引くときは、両手が使えるように鏡を活用するのがポイント。

空いた方の手でまぶたを軽く持ち上げると、皮フがピンと張り、アイラインが引きやすくなる

まつ毛の間を狙ってペン先を斜め下45度からセット

Point
アイラインを引くときは拡大鏡があると便利！

持ち運びに便利な手鏡。普通の鏡と拡大鏡がセット

テーブルの上に鏡を置くと見やすく引きやすいとおっしゃる方も

自分がやりやすいスタイルを探してみてね！

# 2-6 まつ毛で目元をリフトアップ

隠れたまつ毛の存在感を引き出し目元をリフトアップ！
まつ毛をカールアップ＆カールキープ

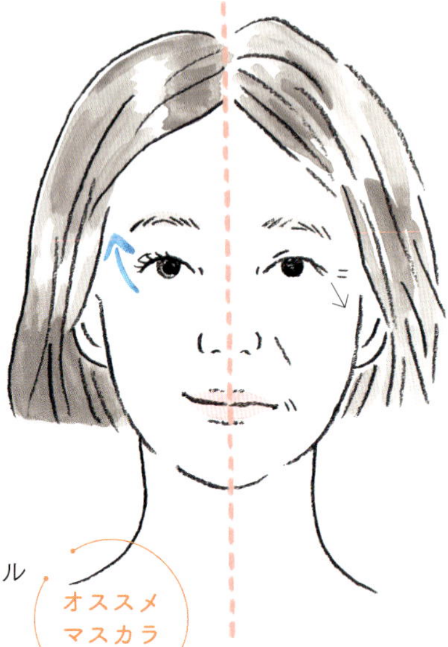

上げたまつ毛のカール
をしっかりキープ！

オススメ
マスカラ

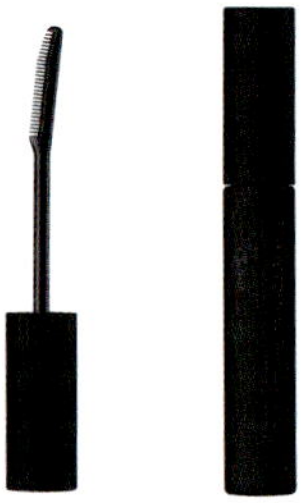

軽やかに密着し、長時間にじまない美まつ毛へ！「エテュセ アイエディション（マスカラベース）¥1,320」

カールキープ＆ボリュームUPを叶えるマスカラ下地。「メイベリン ニューヨーク ラッシュニスタ プライマー / 01 ブラック ¥1,496」

お湯オフなのに強力カールキープ！　美ロングまつ毛に。「ヒロインメイク ロング＆カールマスカラ アドバンストフィルム / 01 漆黒ブラック ¥1,320」

Column

# まつ毛カーラーの成功のカギは鏡の位置

まつ毛を美しくカールするには、まつ毛カーラーの使い方だけではなく鏡の位置も重要なポイント。

## 手鏡は斜め下に置く

あご先を突きだし見下ろすと、まつ毛の根元がよく見えるからまつ毛カーラーがやりやすくなる◎

Point

重いまぶたは
引き上げると
挟まないから
怖くない◎

## 置き鏡・拡大鏡

まつ毛の根元がまぶたで隠れている人は置き鏡、見えにくい人は拡大鏡がオススメ！

## 2-7 まつ毛カーラーで目元リフトアップ

**まつ毛は根元・中間・毛先と数回に分けて挟みます。**
**まつ毛カーラーが上手くなるコツは「ひじを上げていくこと」**

まつ毛カーラーの
フレームをセット

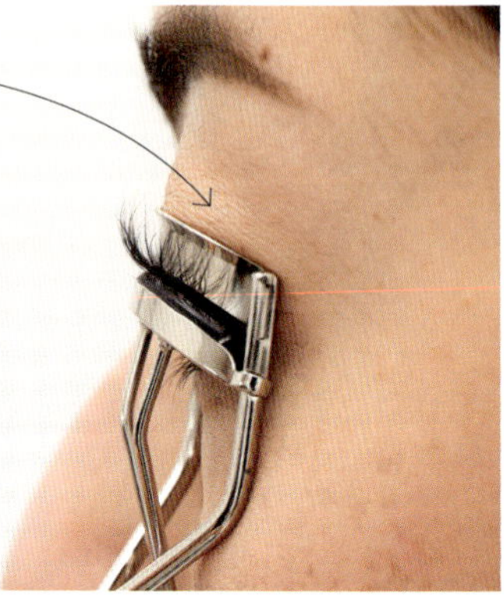

### 1 鏡越しに まつ毛の根元を見る

あご先を上げて鏡を見下ろすと、まつ毛の根元が見えて、やりやすくなります。
空いているほうの手でまぶたを持ち上げ、まぶたのカーブにフレームが並行になるようにセット。まつ毛の根元を軽く3〜4回挟む。

**まつ毛が抜ける原因はコレ！**
まつ毛カーラーでまつ毛を挟んだまま手首を返したり引っ張ると抜けます。
ゴムは消耗品！ まつ毛カーラーのゴムの弾力でまつ毛にカールをつけています。理想の仕上がりのために、3ヶ月に1回は交換しましょう。

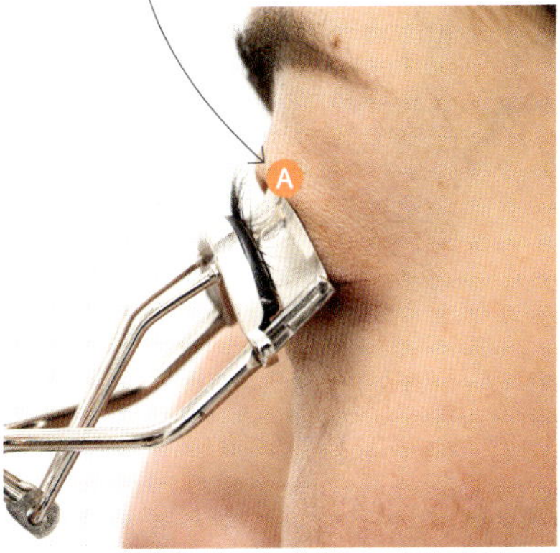
ここを支点にすると
安定するよ

# 2 フレームを支点に

グリップを緩め開いてから、ひじを上げて中間へ。まぶたに当たっているフレームⒶを支点にしながらひじを上げると安定してブレません。まつ毛の中間部分を軽く挟む。

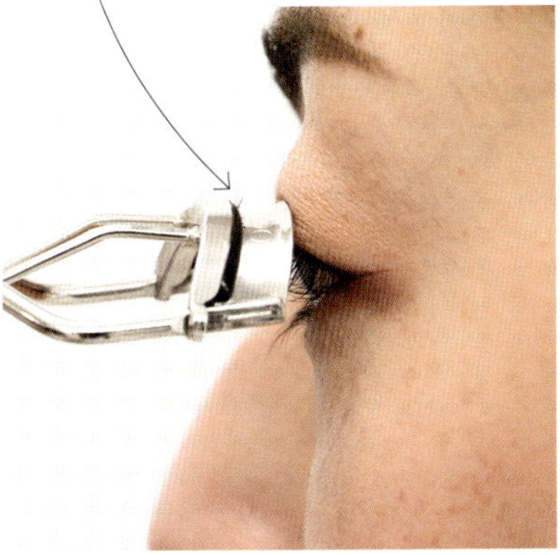
毛先は細かいので
やさしく挟もう

# 3 毛先はやさしく

支点はそのまま、グリップを緩め開いてからひじを上げて毛先へ（最後は手首を反り返らせ、天井のほうに向かせます）。

## 2-8 マスカラの塗り方

マスカラは毛先だけにつけると重みで下がります。
カールキープ力のあるマスカラを
根元から塗ってまつ毛の存在感をキープしましょう。

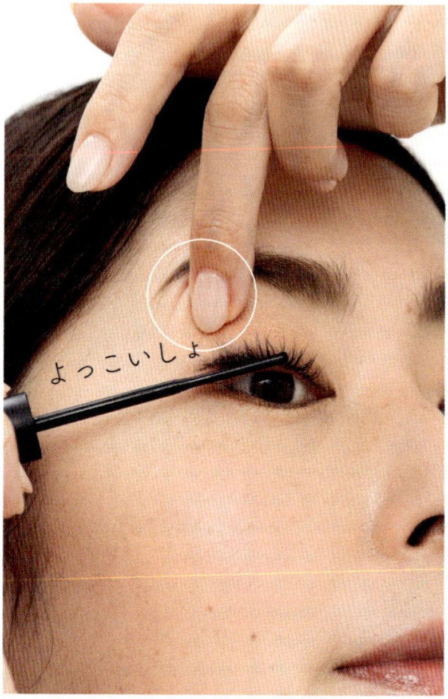


### 1 まぶたを持ち上げる

空いたほうの手でまぶたを持ち上げる。

### 2 根元に絡めつけてから

根本で「ジグザグ」とマスカラ液を絡ませてから、一気に毛先へスッと塗り上げる。

## 2-9 下まつ毛のマスカラの塗り方

下まつ毛を塗るときはブラシを立て塗ると
ダマになりにくく品よく目力がアップ

### 頬の余白が気になる方は、下まつ毛メイクが◎

ブラシの先を使い下まつ毛を根元からなでおろすようにつける。

# 3　失敗しない大人チーク

大人のチークは主張しすぎず
さりげなく血色感をプラス
入れる位置がポイント

**スタート位置**

血色を感じる大切なポイント。黒目の下の延長線上と小鼻の付け根の延長線上が交わる部分

**色選びのPOINT**

チークは暗い色を避け、明るめを選ぶのがコツ。くすみを防ぎ、若々しく見えます。ふんわりのせると、幸福感もアップ！

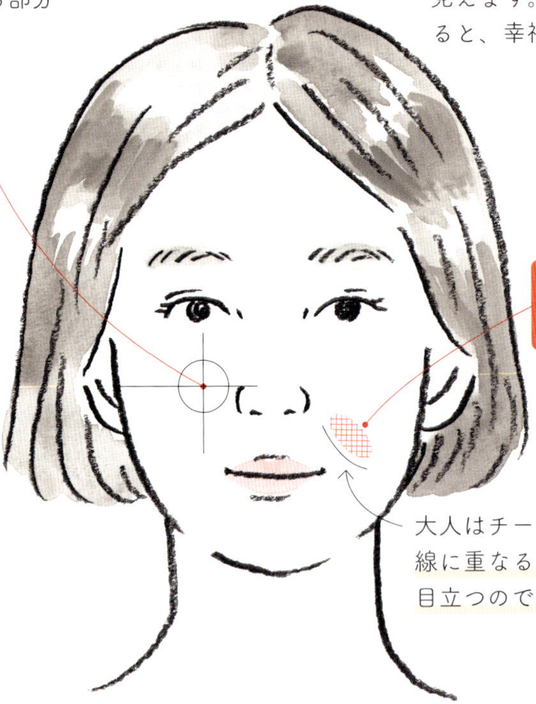

**入っては
いけないゾーン**

大人はチークがほうれい線に重なると、たるみが目立つので注意！

ニコッと笑って高い位置に入れると丁度良いのは20代まで。お胸やおしりのトップの位置が変わるように、私たちの頬のお肉の位置も下へ下がってきています。まずはスタート位置から見直してみましょう。

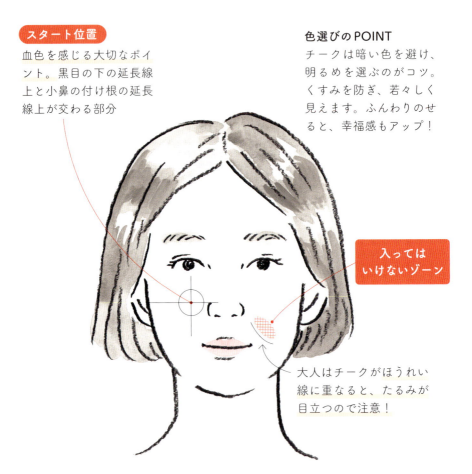

## 3-1 マイナス5歳を叶えるチークの入れ方

頬の間伸びが気になる面長さんは横長に、
丸顔さんは斜めにいれると
リフトアップして見えバランスよく仕上がります。

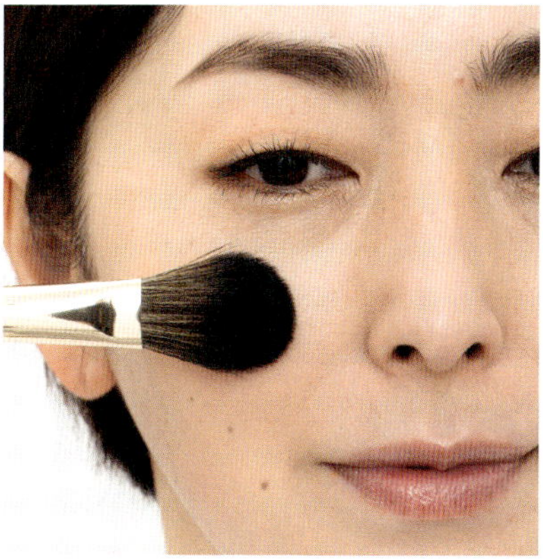

1 共通のスタート位置

血色感を感じさせるポイント、スタート位置にブラシをセットしチークをフワッとのせる。

面長さん
頬の余白をコントロール

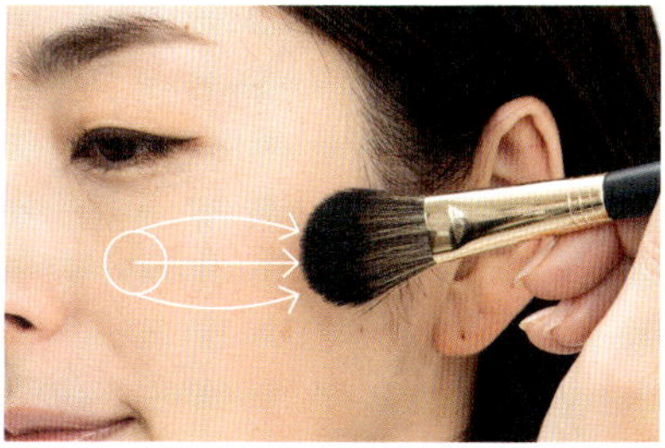

2 真横の楕円

ブラシに残ったチークで起点から真横に弧を描くよう広げます。なじむまで4〜5回くり返す。

円顔さん
頬をリフトアップ

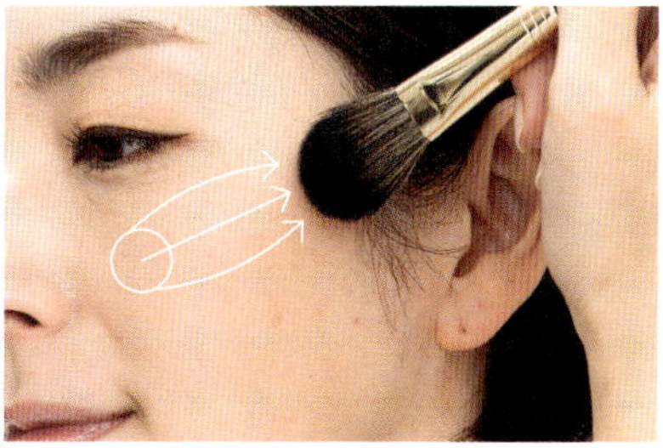

2 斜めの楕円

ブラシにのこったチークで起点から耳の先端方向に向かって弧を描くように広げる。なじむまで4〜5回くり返す。

こんなお悩みを解決！

# チークを塗ると隠したシミや肝斑が浮き出てしまう

## 3-2 クリームチークとコンシーラーで血色コンシーラーを作ろう

せっかく隠した肝斑やシミがチークを浮き出てくる…と悩まれる方も少なくありません。
そんなときは「血色コンシーラー」で解決！
肝斑やシミを隠しながら顔色を自然に明るく見せましょう。

「M·A·C スタジオ ラディアンス 24 ルミナス コンシーラー」

「キャンメイク クリームチーク（クリアタイプ）/ CL01 クリアレッドハート」

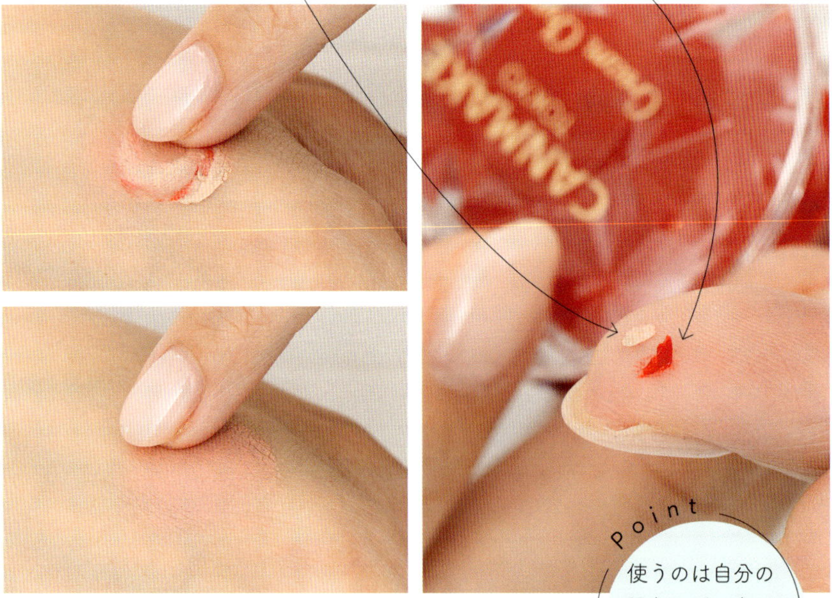

Point
使うのは自分の肌色に近い色のコンシーラーとクリームチーク

### 1 1対1の割合で混ぜる

## 2 タッピング

肌に対して垂直にタッピングすることで肝斑を隠しながら血色感をオン

オススメアイテム

M·A·Cの高密着＆艶肌コンシーラー。軽やかな使用感で24時間美しくカバー！「M·A·C スタジオ ラディアンス 24 ルミナス コンシーラー / 14色 各¥4,510」

使用アイテム

「キャンメイク クリームチーク（クリアタイプ）/ CL01 クリアレッドハート ¥638」

# 4　大人の唇の悩み4選

＼ 大人の唇をふっくら若々しく魅せる！ ／

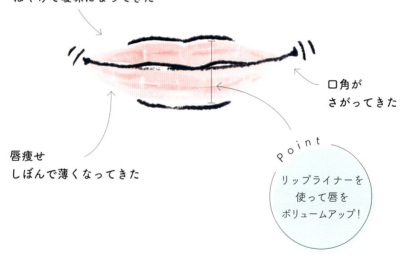

唇の輪郭
ぼやけて曖昧になってきた

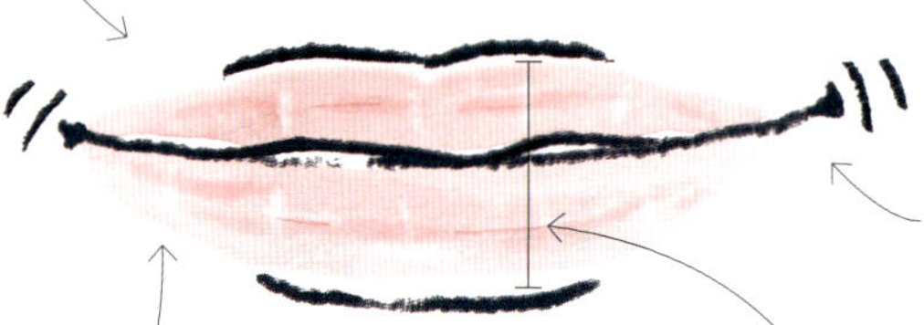

口角が
さがってきた

唇痩せ
しぼんで薄くなってきた

Point
リップライナーを
使って唇を
ボリュームアップ！

オススメ
アイテム

油分が少ないペンシル状のコンシーラーは、キュッとリフトアップしたい口角やホクロのカバーに最適。「ザセム カバーパーフェクション コンシーラー ペンシル / 7色 各¥1,000」

## 4-1 唇をふっくら魅せる方法

**年齢とともに薄くなってきた唇を**
**リップライナーでふっくらボリュームアップ。**

Point
下唇を
ふっくら描いて
バランス美人に

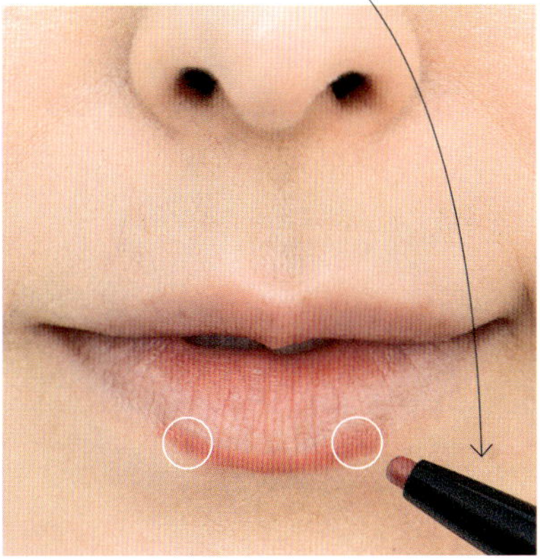

### 1 口角が下がっている人は このひと手間

口角部分をファンデーションやコンシーラーで引き締めると微笑んでいるかのようにキュッと上向きに。

### 2 下唇は上唇の1.5倍の厚み

下唇の底辺部分を本来の唇の外側に描き、ふっくらボリュームアップ。

オススメアイテム

なめらかで描きやすくにじみにくいリップライナー。自分の唇の色に少し赤みを足した色のリップライナーを選ぶと、どんな口紅にも使えて便利◎「マキアージュ スムース＆ステイリップライナー N（カートリッジ）/RS362 すっきりクリアカラー ￥990、リップライナー用ホルダー N ￥1,650」

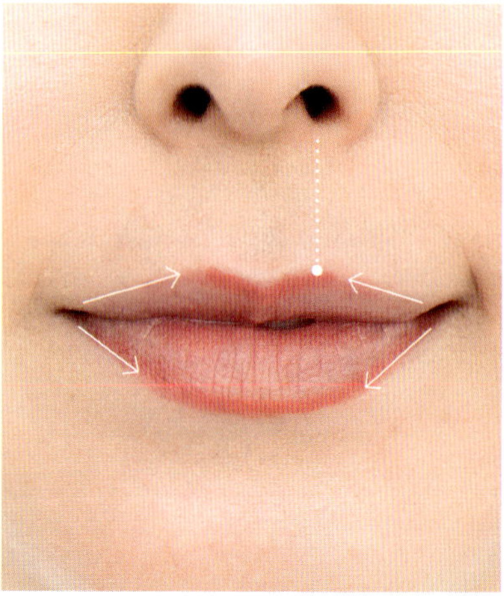

## 3　輪郭を描く

次に、上唇の山を描きます。そのあと、口角から下唇のラインを繋げるように描く。

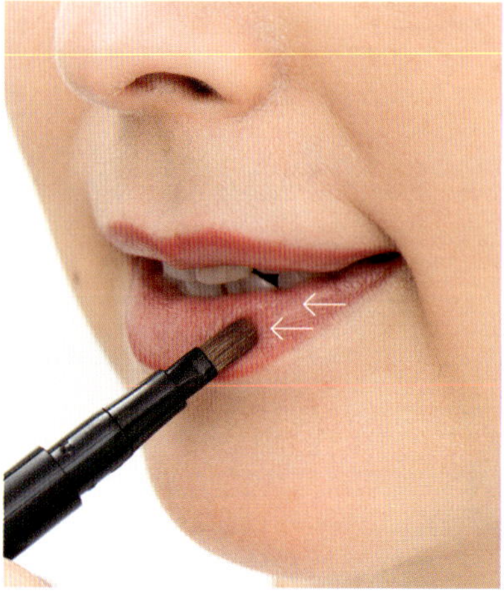

## 4　描いた輪郭をリップブラシでぼかす

何もついていないリップブラシを使い、ラインの境目を内側にぼかす。

オススメアイテム

もっちりとした仕上がりでふっくらボリュームアップ。上品に華やぎをプラス。「カネボウ ルージュスターヴァイブラント / V02 Classical Red ¥4,620」

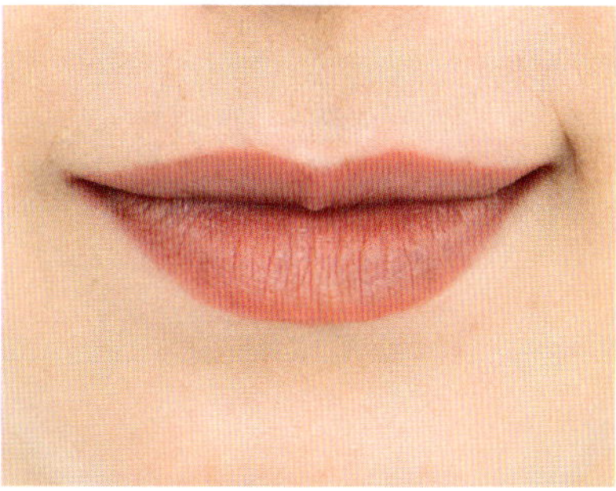

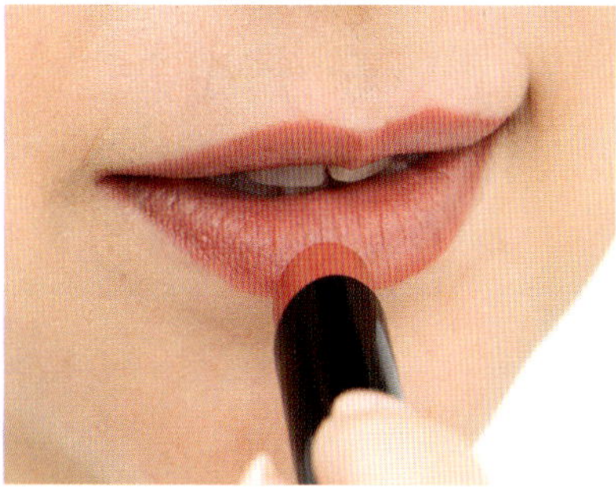

## 5 口紅をつける

口紅は下唇の中央部分から塗り広げる。

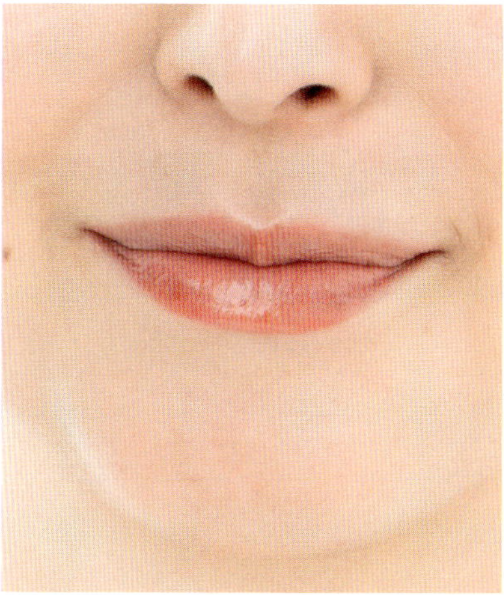

## 6 完成

口角から中央へ向かって塗り繋げます。上唇も同様に塗り完成。

〈 注意！
マットすぎる口紅はシワを強調してしまうので、
シワが気になる人は高保湿リップを選んでみて。 〉

プレゼント応募
＼ 案内ページ ／

[キーワード]「ポジティブエイジング」
[応募期間]　～2025年5月7日23時59分
[URL]　https://books.mdn.co.jp/books/3224403019/?page=3&direct=1

PART 5

# 大人のヘアケア

髪は扱い方次第で、美しさを引き出せるもの。髪質そのものではなく、どのように洗い、乾かし、スタイリングするか。そのちょっとした違いが、見た目にも手触りにも大きな影響を与えます。

年齢を重ねると、うねりや白髪などの変化を感じることもありますが、それは新しい自分の髪質との出会いのチャンスでもあります。無理に隠そうとせず、今の髪を最大限に生かすケアとスタイリングを取り入れれば、もっと自分らしく愉しむことができます。

難しいことではありません。少しの意識と手の動かし方を変えるだけで、髪は見違えるほど美しくなります。今の髪と向き合いながら、毎日のケアを愉しんでみませんか？

この章は、私が最も信頼するヘアメイクアーティスト・ｅｉｋｏさんに執筆をお願いしました。プロならではの視点で、毎日のヘアケアをより愉しめるヒントが詰まっています。ぜひ参考にしてみてください！

# 大人のヘアケアの
# 見直し編

髪も肌同様、加齢と共に変化します。
栄養が少なくなりハリやコシが失われ、
白髪や薄毛の悩みも増えてきます。
髪の状態に合わせてヘアケアを見直すことが大切です。
ここでは、髪を健康に保つ基本的なヘアケアや、
若々しい印象になるための見直しポイントを解説。
正しいケアと簡単なコツを身につけていきましょう。

ヘアメイクアーティスト・eiko

## 1 ブラッシング

髪を洗う前にはブラッシングをしましょう。絡まりを防ぎ、髪表面の汚れを払い落とし、頭皮の汚れを浮き上がらせ、シャンプーの効果を高めます。また、頭皮の血行を促進し、健やかな髪を育てます。

↓ 123ページへ

## 2 シャンプー

頭皮と髪を清潔に保ち、余分な皮脂や汚れを取り除きます。髪質や悩みに合ったシャンプーを選ぶことが大切です。

↓ 123ページへ

## 3 トリートメント

シャンプー後の髪に栄養を補給し、髪のダメージを補修します。

↓ 126ページへ

## 4 ドライ（乾かす）

髪を洗ったらしっかりと乾かしましょう。

↓ 127ページへ

## 5 スタイリング

ドライヤーやストレートアイロン、カールアイロンなど熱を加える機器を使って髪に形をつけていきます。最後にヘアオイルやワックス、スプレーなどで髪型を整え、維持するための仕上げを行います。自分の髪質やスタイルに合わせたアイテムを使用すれば、きれいな艶とまとまりが手に入ります。

↓ 128ページへ

# 大人の髪の悩み

**白髪**
白髪が増えると、髪色が均一でなくなるため、老けた印象に

**ボリューム・薄毛**
顔の輪郭が強調され、老けて見えたり、どこか寂しげな印象に

**くせ・うねり**
若い頃にはなかったくせやうねりが出てきて、髪型が決まらなくなった

**艶・パサつき**
栄養がなく不健康に見え、老けた印象に

**●艶・パサつき**

髪の水分や油分が不足し、乾燥してパサつくことで艶が失われる。ゴワつきや広がりも増え、髪がまとまりにくく、ダメージが強調されることが多い。

**●くせ・うねり**

年齢と共に髪質が変わり、くせやうねりが強くなる。湿気や乾燥によって広がりやすく、まとまりにくい。スタイリングが難しくなるのが悩み。

**●白髪**

メラニンの減少により、加齢と共に髪が白くなる。白髪が目立つことで老けて見られたり、頻繁な染め直しが必要になるなど、手入れの負担が増える。

**●ボリューム・薄毛**

加齢やストレスにより髪が細くなり、全体的なボリュームが減少。地肌が目立ち始め、ヘアスタイルが決まりにくくなる。薄毛や抜け毛も気になりやすい。

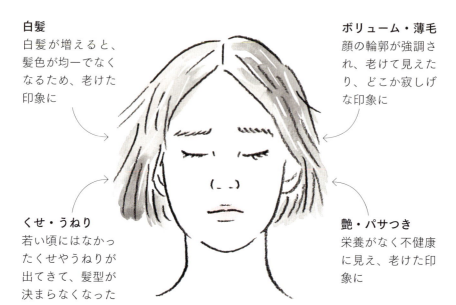

## 1
## 毎日の**ブラッシング**は 美髪を生む簡単な最強ケア

**汚れを落とし、頭皮をリセット**

健やかな髪はブラッシングから生まれます。髪のもつれを解き、汚れを落とし、頭皮を刺激する事で血行を促進させます。フェイスリフトアップや健やかな髪の育成にも繋がるので、1日3回（朝のセット前、夜のシャンプー前、髪を乾かしたあと）のブラッシングがとても大切。ブラシは**クッションブラシ**＊がオススメです。髪の量が多い人は面積の広い四角形、少なめの人は小型の丸形のブラシを選ぶと良いでしょう。

## 2
## 美髪を育てるための **シャンプーのコツ**

**シャンプーはしっかり泡立てて、毛穴を意識**

意外と正しく髪を洗えている人は少ないものです。洗い方が間違っていると、艶やかで美しい髪を育てることができません。ここで、髪を洗う基本をしっかり学びましょう。

**クッションブラシ＊**
頭皮マッサージと髪のまとまりを叶える人気のパドルブラシ。
「アヴェダ パドル ブラシ（左）¥5,060、ミニ パドル ブラシ（右）¥4,400」

**クッションブラシ＊**
トルマリン配合のイオン毛×猪毛で、広がる髪もまとまり艶髪に。「ジョンマスターオーガニック コンボパドルブラシ ¥4,290」

# 正しい髪の洗い方

## Step 1 ブラッシング

シャンプー前にブラッシングして、汚れやもつれを取り除く。

## Step 2 予洗い

シャンプー前に37～40度のぬるめのお湯でしっかりすすぎます。これで髪の汚れの7～8割を落とせる。髪をかき上げるようにしてお湯でしっかり洗い流すことが大切です。毛先についたスタイリング剤も洗い流すように心掛ける。頭皮の汚れをしっかり落とすには、シャワーヘッド**がオススメ。

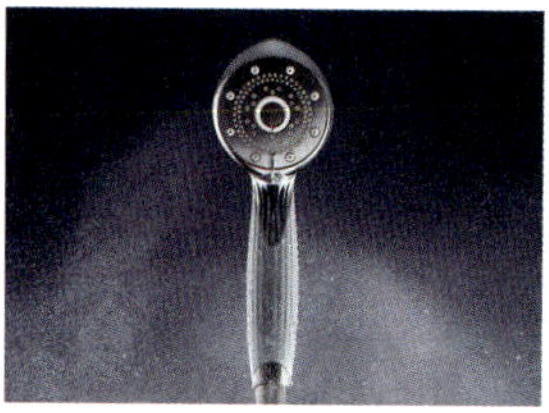

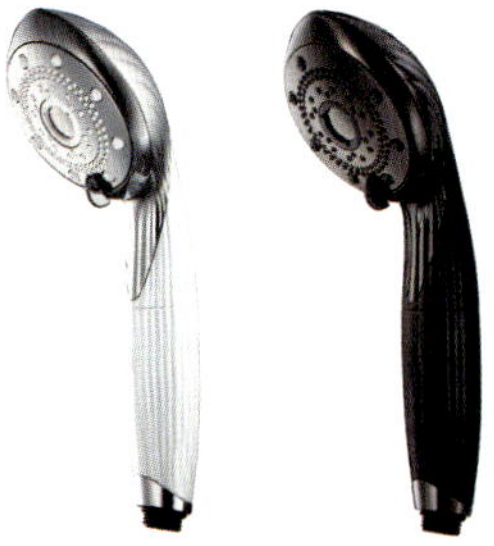

**シャワーヘッド****
超微細な泡で肌をやさしく洗浄し、美容と健康をサポート。「ReFa リファファインバブル ピュア / ホワイト（左）¥30,000、ブラック（右）¥33,000」

**クッションブラシ*（P.127）**
髪にやさしく絡まりを防ぐ、プロ仕様のパドルブラシ。「デンマン D83 パドルブラシ ブラック ¥3,850」

## Step 3 シャンプーの準備

シャンプーは手のひらに広げのばして軽く泡立ててから髪につける。ロングヘアはツープッシュ、セミロングはワンプッシュが目安。頭皮をよりしっかり洗いたい場合は、スカルプブラシ***を使用して地肌を動かすようにケア。

## Step 4 洗い方

しっかり泡立てたら、爪は立てず指の腹で頭皮を洗います。毛先のスタイリング剤も泡を使ってキレイに洗い落とします。

## Step 5 すすぎ

すすぎは、シャンプーの倍の時間をかけて、頭皮や内側にすすぎ残しがないようにしっかり洗い流す。

**フレックスドライブラシ****（P.127）**

ぬれた髪でも絡まりをやさしくほぐし、髪を傷めずにブラッシングできる人気ブラシ。「ウェットブラシ プロ フレックスドライ パドル ブラック ¥2,750」

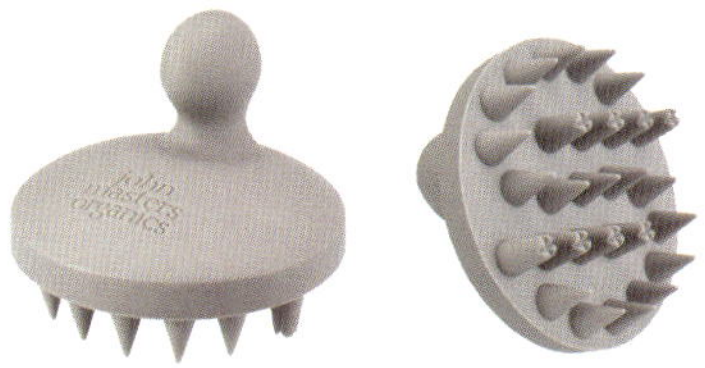


**スカルプブラシ*****

頭皮をやさしく刺激し、健やかな髪を育むスカルプケア専用ブラシ。「ジョンマスターオーガニック スキャルプシェイクブラシ ¥2,640」

# 3 トリートメントの正しい使い方

トリートメントは髪の表面を保護し、栄養を補給することでパサつきを改善し艶やうるおいを与えます。同じトリートメントでも正しい手順で行うことで効果は2倍に！その方法を紹介します。

**1. 水気を取る**

シャンプー後、髪の水分をしっかり取ってからトリートメントを塗布しましょう。水分が多いと成分が薄まってキチンと塗布できません。

**2. 毛先を中心に塗布**

トリートメントは中間から毛先に向けて塗布しましょう。

**3. なじませる**

トリートメントはつけてすぐ流すのではなく、しっかりなじませ浸透させることが大切です。

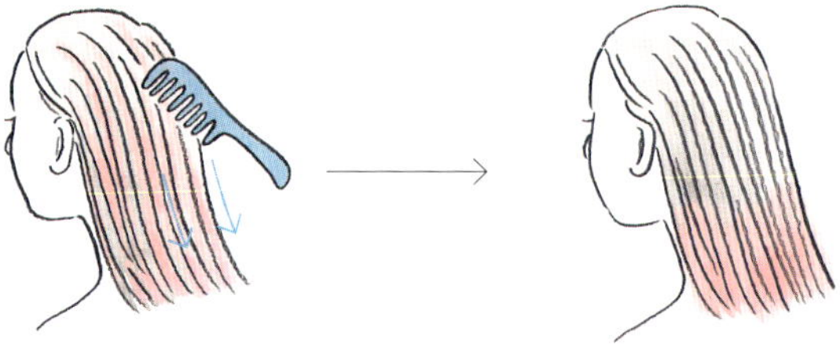

スカルプブラシや目の粗いコームでとかし均一になじませましょう。その後、表面がヌルヌルからチュルチュルになるまでしっかりと洗い流しましょう。

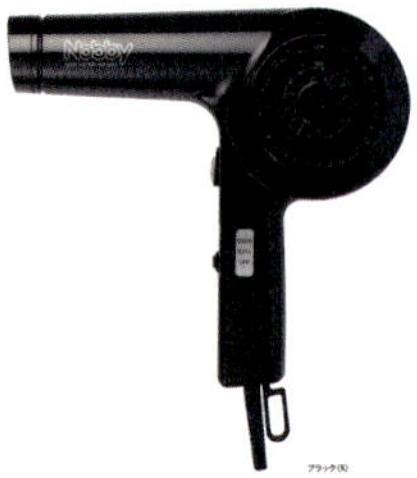


使用ツール

大風量で速乾、プロ仕様の高性能ヘアードライヤー。「ノビー ヘアードライヤー NB1903 ¥9,460」※サロン専売モデル

# 4　乾かす

髪は濡れたままにしているとキューティクルが開きダメージを受けやすい状態となります。乾かさないで寝ると髪がこすれて傷んでしまいます。とはいえ乾かす作業が苦手な方のために、手早くきれいに乾かす方法を紹介します。

### 1. タオルで水気を取る

まずはしっかり、タオルで髪の水分を取り除きましょう。頭皮から水分を拭くようにし、髪の毛はこすらずに、軽く挟んで押さえて水分を吸い取るようにする（アウトバストリートメントをつける方はこのタイミングで）。

### 2. ブラシでとかす

写真はデンマンのクッションブラシ（P.124）を使用。

写真はウェットブラシのフレックスドライブラシ(P.125)を使用。

毛先をとかしてばらばらにした方が乾きが早くからまりません。特に髪の長い方はフレックスドライブラシ****を活用すると早く乾かせます。根元がぺたんとしやすい人は分け目を逆にして乾かすとボリュームも出て良いです。

### 3. 完全に乾かす

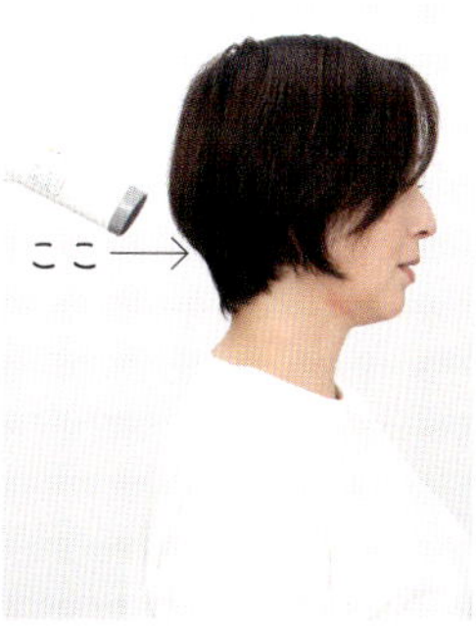

髪が一番多く集まるのは襟足の上のぼんのくぼあたり。髪はここから乾かします。表面ではなく、根元or内側から風を入れて乾かすことを意識すると早くキレイに乾かせます。また、このままスタイリングする場合は、8割くらい乾かすのがポイントです。

## 5　スタイリングの手順

ここでのスタイリングは、髪に熱を加え、形を整えていく工程です。ドライヤーの使い方やコツを知って、サロンのような仕上がりを目指しましょう。

### 1　ブラッシング

スタイリングの基本はブラッシング。まずはブラシを使ってブラッシングする。

### 2　ヘアプロテクト剤の使用

髪をスタイリングするためにスプレーを使い水分を加えます（1〜2割濡らす）。ドライヤーの熱によるダメージを防ぐために、熱から髪を守るヘアプロテクト剤やミストを髪全体に軽くつけます。これによって、髪の乾燥や熱ダメージを予防できます。

### 3　根元から乾かす

根元は湿気が残りやすいので、最初にしっかりと乾かします。
髪の分け目を作りたい方向と反対側に持ち上げながら根元を乾かすと、ボリュームが出てふんわりと仕上がります。

## 4 中間〜毛先を乾かす

次に、中間から毛先にかけてドライヤーを当てます。髪のキューティクルは毛先に向かって並んでいるので、ドライヤーの風を上から下に向けて当てると、キューティクルが整い艶が出やすくなります。

## 5 ブラシを使ってブロー

スタイルを整えるためにブラシを使ってブローします。ブラシを使うことで、髪がまっすぐになりやすく、艶感もアップします。
→くるくるドライヤー活用 130ページへ
→艶っと内巻き編 132ページへ

## 6 仕上げに冷風を当てる

全体がしっかり乾いたら、ドライヤーの冷風を髪に当てていきます。冷風は、髪のキューティクルを引き締め、艶を与えるのに効果的です。また、冷風を当てることでスタイルが固定され、崩れにくくなります。

## 7 スタイリング剤の使用

最後に、仕上がりに応じたスタイリング剤（ヘアオイル、ワックス、ヘアスプレーなど）を使って仕上げます。毛先に少量のヘアオイルをつけると、さらに艶が増してなめらかな質感になります。ワックスやスプレーは、ふんわり感やまとまりを保つために適量使います。
→スタイリング剤のつけ方 133ページへ

# セルフスタイリング「ふわっとショート編」

## 1 横と後ろの髪は、毛流れを作るところから

後ろの髪は襟足のラインにそろえるように、横の髪は顔の前のほうに向かって根元の毛流れ作る。

## 2 根元を立ち上げる

根元を立ち上げるため、毛流れとは逆にドライヤーの熱を入れる（ボリュームスプレーをしてからのブローが効果的。分け目に対してまっすぐ、垂直に）。髪を流したい方向とは反対側に引っぱるようにして整えます。

くるくる
ドライヤー
活用

## 3 根元はそのまま毛先だけカール

Cの文字をイメージしてカールを作ります。ドライヤーを持っていない反対の手でブラシを固定すると、髪が外れにくくなり、形がつけやすくなります。もし風が強くてやりにくい場合は、風量を弱めに設定しましょう。

## 4 冷風を当てる

冷風を使い、再度ブラシで髪を巻きながらカールを固定します。形をキープしつつ髪の艶を出す効果があります。

オススメツール

速乾＆艶仕上げ！　イオンで美髪を守るくるくるドライヤー。「パナソニック くるくるドライヤー イオニティ EH-KE4L ￥8,470（編集部調べ）」

# セルフスタイリング
## 「艶っと内巻き編」

ヘアアイロン
「グランパーム スタイリングアイロン GP201CL」

### 1 根元を立ち上げる

トップはショート同様、根元からアイロンを入れ、ボリュームを出します。

### 2 毛先をそろえる

前髪は毛先をそろえ流すように（方向づけ）しましょう。アイロンをすべらせてからひと巻きする。

### 3 引っぱりながらすべらす

サイドの髪をひと束とり、毛先まですべらせる。その横の髪も同じようにくり返していき、髪全体に熱を通す。

※アイロンの幅を意識して毛束を束ねる

# スタイリング剤のつけ方

## 基本の量

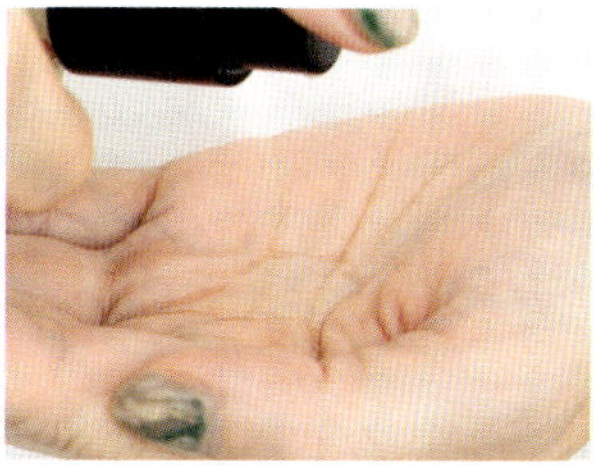

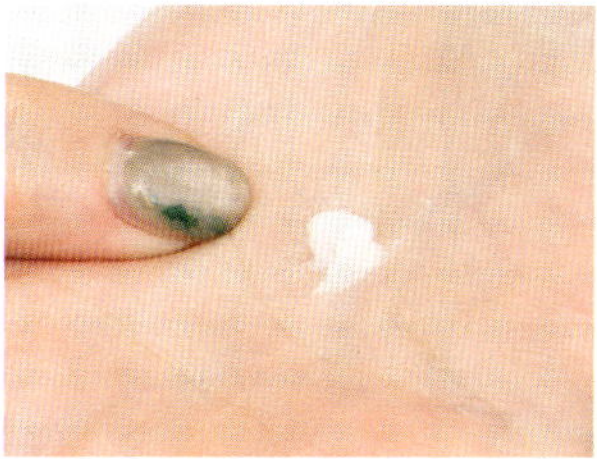

### 1 手のひらに出す

目で見て塗布量を確認することが大切。量を見るためにも、手のひらに取り出そう。右がバーム、左がオイル。

↓

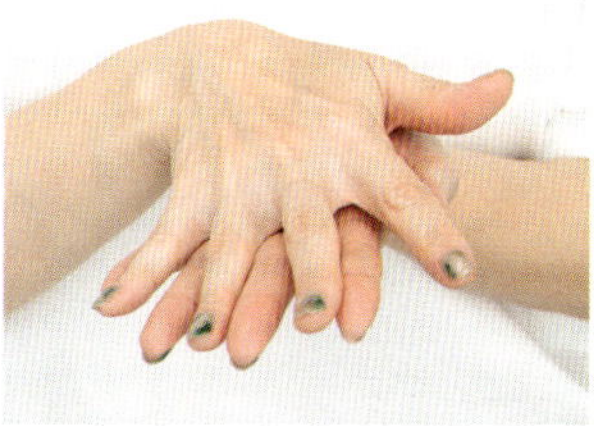

### 2 手全体に伸ばす

ムラなく均一につける為に手をすり合わせましょう。

オススメ
アイテム

**ヘアバーム**

自然な艶とうるおいを与える、心地よい香りのマルチバーム。「ルベル/タカラベルモント　ザ・モイ　バーム アンビエントデュウ ¥3,520」

**ヘアオイル**

天然由来の美容オイルで、肌と髪に贅沢なうるおいを与える高保湿のプロ向けヘアオイル。「O SKIN & HAIR オー・オイル モイスト / 250ml ¥9,240」

1 耳の後ろあたりの位置から髪を下から上に持ち上げ逆立てるようにしてスライリング剤をつける

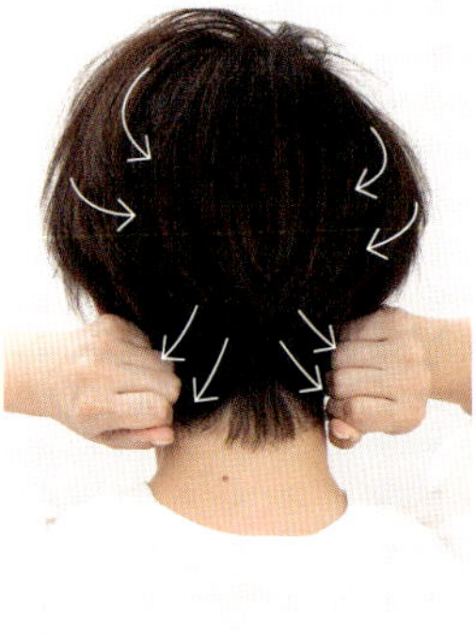

2 襟足は下になでつけるようにボリュームを落としつつ束感を出していく

3 フロントサイドは手をクロスさせジグザグと上から髪をなで下ろすように梳かしていく

4 わずかに残ったスタイリング剤を再度手に広げ、前髪3分の1につける

5 手のひらに残っているスタイリング剤を指先につけ、全体をなじませながら形を整える

オススメアイテム

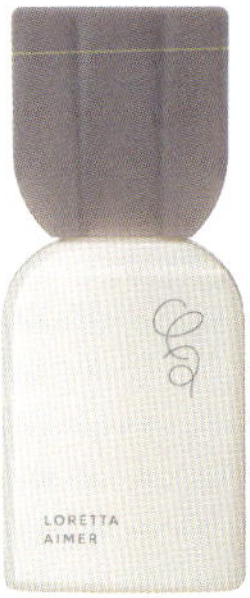


**ヘアオイル**

軽やか艶髪！自然なまとまりを叶えるスタイリングオイル。「ロレッタエメ スタイリングオイル ¥3,630」

## ロング編

1　首の後ろ（襟足あたり）から髪の内側にスタイリング剤をつける

2　耳のあたりから毛先に向かって表面に上から下につける

3　手に残っているスタイリング剤を、再度手をすり合わせ手のひらに広げてからトップ・ハチ部分の表面につける

4　再度手をすり合わせ、最初につけたスタイリング剤を伸ばすように毛先までなじませる

5　わずかに残ったスタイリング剤を前髪毛先3分の1につけて艶と束感を出す

# スタイリング「まとめ髪アレンジ編」

before

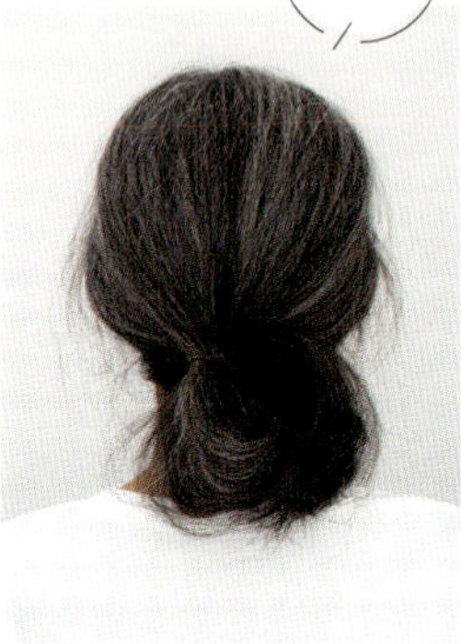

こういう後ろ姿よく見かけませんか？　128ページのスタイリング手順をおこなうことで、大人きれいなまとめ髪アレンジも簡単に作れます！

after

まとめヘア

after

ひと束ポニー

1 スタイリング剤をつけゴムで固定

2 髪をねじり上げ、結び目に巻きつける

3 巻きつけた毛束をゴムで固定したら折り曲げてクリップで固定

Point

クリップはシンプルな色や形を選ぶのがポイント！

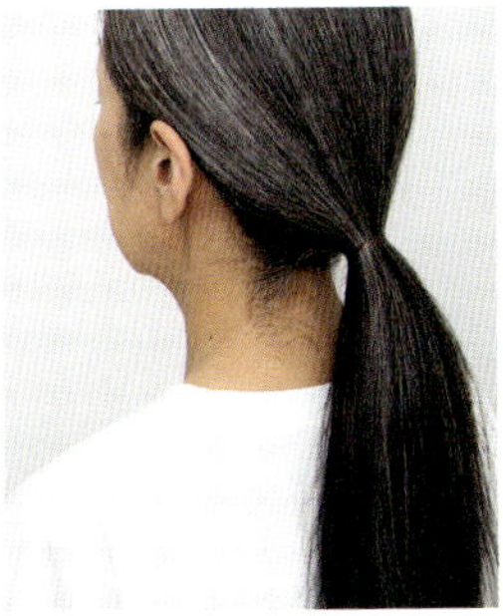

1 頭の形を整えながらゴムで固定する

2 毛束を少し取り、ゴムに巻きつけます

3 最後にピンで固定します

Arrange

ひと束ポニーのヘアアレンジにシンプルなアクセサリーを添えるだけで、簡単に女性らしい上品な雰囲気に仕上がります。

# 大人のための白髪ケア

白髪はストレスや生活習慣、遺伝により出てくることもありますが、35歳前後から色素細胞（メラノサイト）がメラニン色素を作れなくなることで生えてきます。白髪の量の変化に合わせ、適切な対策を選びましょう。

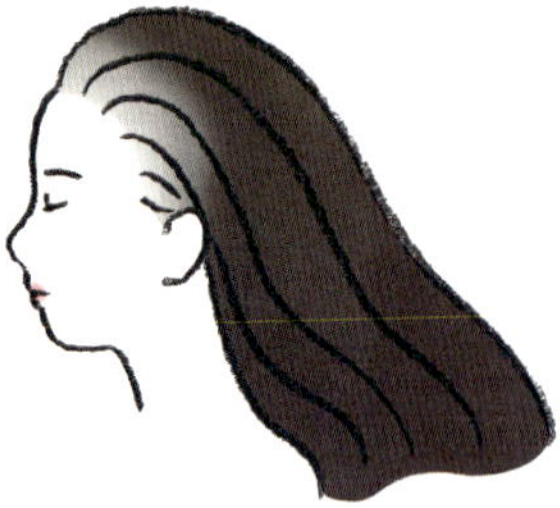

## 少量の白髪
（5～10％程度　少し見える程度）

白髪が少しあり、ところどころで見えるが少なめ。まだ全体に広がっていない段階。

**対策**
- 1ヶ月に一回程度、白髪染めやおしゃれ染めでカラーリング。白髪を染めることでカバーする。

**シルバーヘア用アイテム**

白髪を自然に整え、艶感キープ！「ルシード 白髪用整髪ジェル ¥1,045」

黄ばみを抑え、透明感のある美しい髪色をキープする紫シャンプー。「N.カラーシャンプー Pu（パープル）¥2,640」

ざらつきを抑える紫でハイライトのヘアデザインを美しくキープ。「ソマルカ カラーシャンプー / PURPLE ¥2,640」

## 中程度の白髪

（20～40%程度　白髪として認識できる）

白髪が目立つ箇所が増え始め、隠すのが難しくなってくる段階。フロントなど部分的に多くなる場所もある。

対策

・美容師さんと要相談､白髪を染める事でカバーする。
・自毛よりも明るく染めたり、白髪を自然になじませるカラーリングを施す。
・部分的に明るい色（ハイライト）を入れ、白髪を自然になじませるカラーリングを施す。

## 多量の白髪

（50%以上　全体的に白髪が目立つ状態）

白髪がフロントからトップまで正面に広がり、染めるだけでは対処が難しい段階。

対策

・2週間に一回、サロンや自宅での白髪染めを行い、断続的にケア。
・カラーリングをやめ自然な白髪を活かした「グレーヘア」に移行。スタイリッシュに白髪を愉しむ。
・白髪に特化したシャンプーやトリートメントを使い、髪の健康を保つためグレーヘア用スタイリング剤などを使用する。
・美容師やカラーリストに相談し、最適なケア方法を見つける。

こんな
お悩みを
解決！

## 髪や頭皮へのダメージが心配

# 美しく仕上げる！
# 自宅カラーリングのコツ

全体を染めてはダメ！
生えてきた根元の白髪
だけを染めましょう

カラーリング剤の他に、ヘアゴム、ラップ、保護用クリーム、ダッカールピン、汚れてもいいタオルを用意しておくこともオススメです。

セルフで髪を染めるときは根元の白髪だけを染めることが大切です。一度染めた髪を何回も染めると毛先は暗くなり傷んで不自然になります。絶対にやめましょう！

オススメ
アイテム

手軽に使えるクリームタイプの白髪染め、豊富な19色展開。「シエロ ヘアカラークリーム / 19色 各¥965（編集部調べ）」

PART 6

# 40・50・60代のリアルな大人メイク編

メイクやコスメの力で、笑顔と自信を届けたい——。

40代、50代、60代の大人世代に特化したメソッド「由比ちえ流エイジレスメイク」を通じて、多くの方が新しい自分に出会っています。

この章では、メイクレッスンに訪れた皆さんのお悩みと、それに対するアドバイス、さらにメイクを通じてどのように変化されたのかをご紹介します。実際にレッスンを受けた読者モデルの皆さんが、自分らしい美しさを引き出していく過程をお届けします。

撮影にご協力いただいた田中美希さん、上田エニカさん、英保理恵さん、リマリさん、カナコさん、美保さんに、心より感謝申し上げます。

メイクアップは由比ちえ、ヘアメイクはeikoさんが担当しました！

FILE01 | 田中美希さん | AGE 40

# パーツの輪郭を強化し
# 生き生きと華やかな印象に

## 田中美希さんのお悩み

- ☑ 足し算するポイントメイクを知りたい
- ☑ 薄眉の眉メイクのコツ
- ☑ 自然な目力が欲しい

after

ポイントメイクを足すだけで、ぐっと垢抜けた印象に変わります。メリハリが出て、美希さんの魅力が開花。上品で華やかな雰囲気に。

before

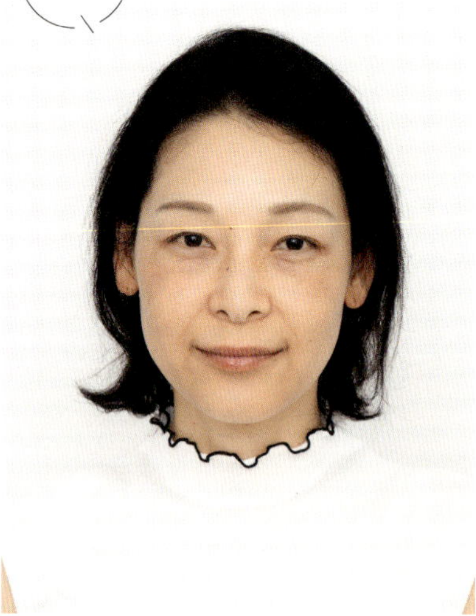

薄化粧ではかなげな印象の美希さんですが、眉・目・唇の輪郭を自然に強調していきましょう。

POINT MAKE-UP

# 薄眉さんの眉メイク

Step 1

まずは全体を下描き。明るめのアイブローパウダーをブラシにとり眉全体をふんわり描く。

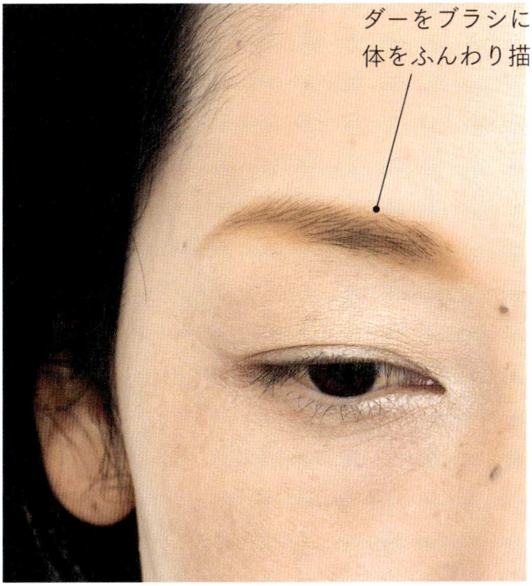

Step 2

濃い色のアイブローパウダーを眉の中央から眉尻にオン。ブラシに残ったパウダーで、眉の中央から眉頭に向かってなじませる。

POINT MAKE-UP

# 目ヂカラ復活 アイライン

使用アイテム

「キャンメイク クリーミータッチライナー / 02 ミディアムブラウン」

Step 1

アイシャドウまで仕上げた状態の目元にアイラインを引いていく。片手でまぶたを軽く持ち上げて、まつ毛の間にアイラインの先端をセット。

Step 2

こげ茶のアイライナーを使って、まつ毛の間を埋めていきます。

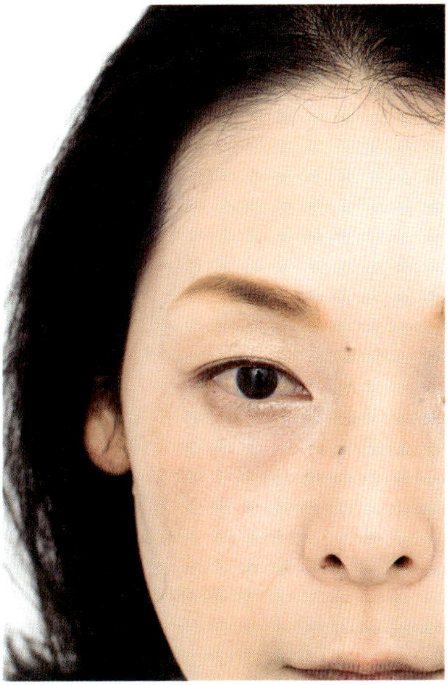

Step 3

目頭から目尻まで、まつ毛の間を埋めると目の輪郭が自然に強調され目力UP。

使用アイテム

「D-UP シルキーリキッドアイライナーWP / シフォンブラウン」

Step 4

ふわっと抜け感のあるリキッドアイライナーを使って、まつ毛のきわ部分から目尻までアイラインを引いて目のボリュームをさらにアップ。

POINT MAKE-UP

# ぼんやり眉尻を シュッとする裏ワザ

## Step 1

眉尻が太くぼんやりしている状態を確認します。

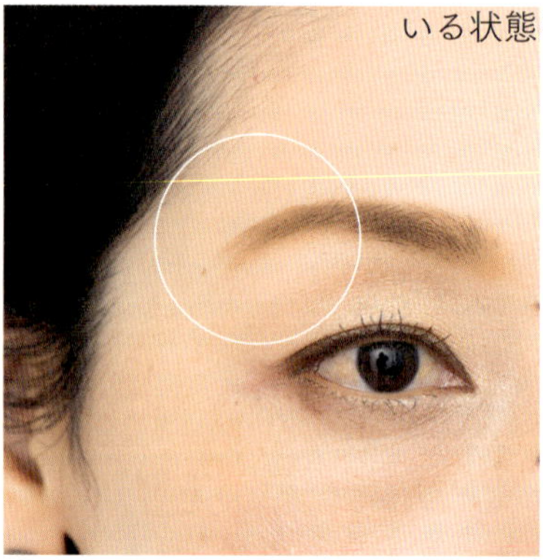

## Step 2

少量のファンデーションを手の甲にとり、綿棒になじませる。

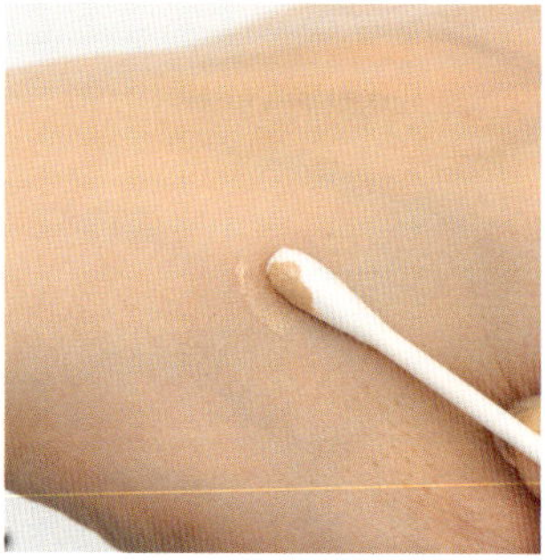

## Step 3

えんぴつを持つように綿棒を持ち、余分なところを狙って削り取る。綿棒を軽くすべらせるようにして一気に取り除き、眉尻の形を整える。

矢印の方向に
拭き取るイメージ

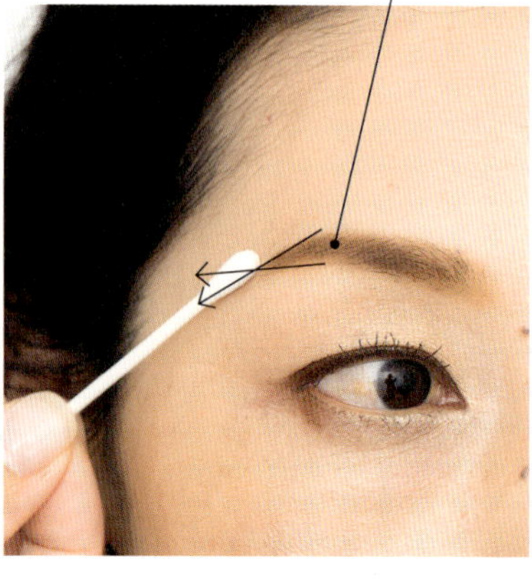

## Completed Make-up

清楚ではかなげな雰囲気の美希さん。薄く細い眉はさみしげに見えるため、ふんわり立体感のある眉に。眉・目・唇の輪郭をハッキリ見せることで個性を引き出しました！

FILE02 | 上田エニカさん | AGE 61

# 年齢と共に気になってきた毛穴やたるみを ベースメイクでマイナス5歳肌！

## 上田エニカさんのお悩み

- ☑ 頬の毛穴が気になる
- ☑ 小鼻の毛穴が気になる
- ☑ フェイスラインのたるみ

after

ベースメイクで肌のなめらかさと透明感が高まりました。メリハリが出てスッキリと若々しい印象に！ベースが整うとポイントメイクを頑張りすぎなくても大丈夫！

before

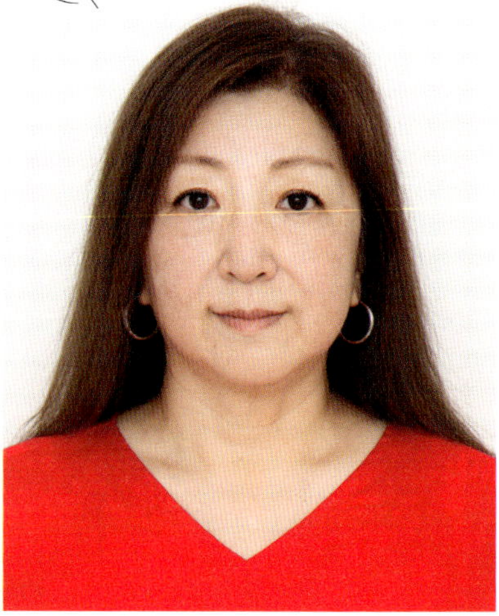

華やかでかわいらしい顔立ちのエニカさん。毛穴の開きによる小さな凹凸影をカバーすることで肌の印象UP！

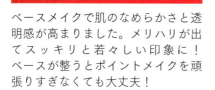

POINT MAKE-UP

# 頬の毛穴をカバーする化粧下地の塗り方

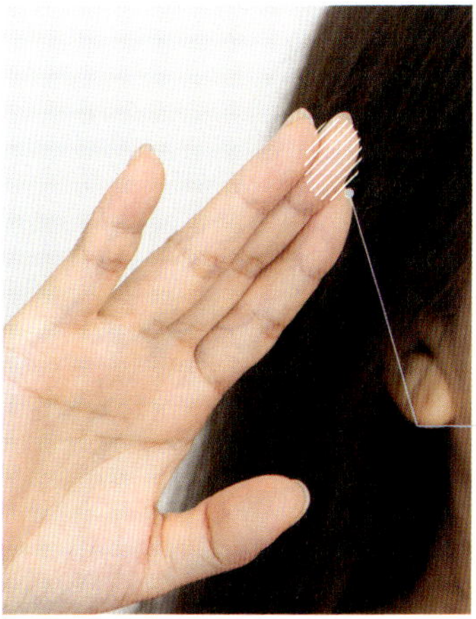

中指の腹部分を使う（人差し指は力が入りすぎるためNG）

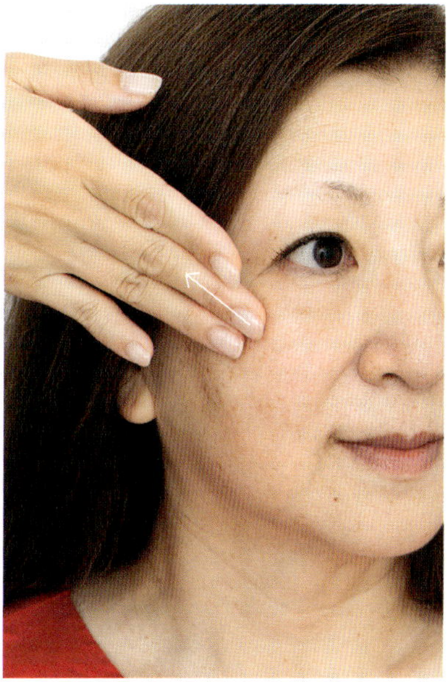

## Step 1

頬骨の上に指を２本添え、こめかみ方向へやさしく引き上げる。

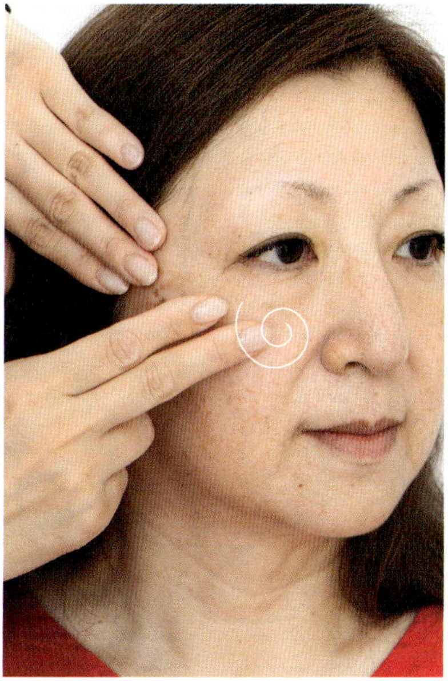

## Step 2

添え手はそのまま、毛穴が気になるところを中指の腹部分を使い「くるくる」とやさしいタッチで円を描くように化粧下地を塗る。

POINT MAKE-UP

# 小鼻の毛穴をカバーする化粧下地の塗り方

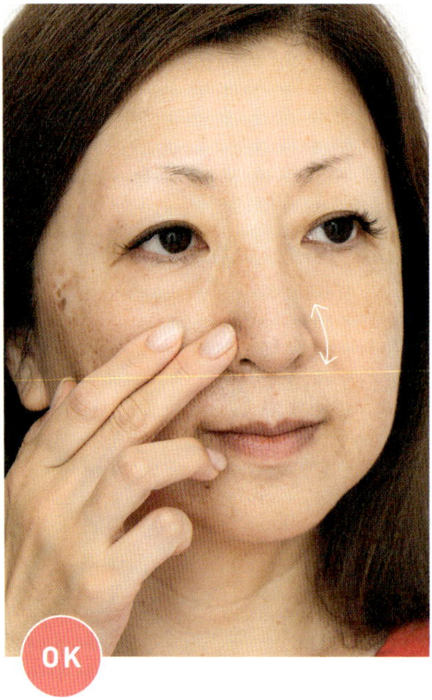


中指の腹部分を使ってくるくる塗り。いろんな方向から塗ると毛穴が目立たなくなります。

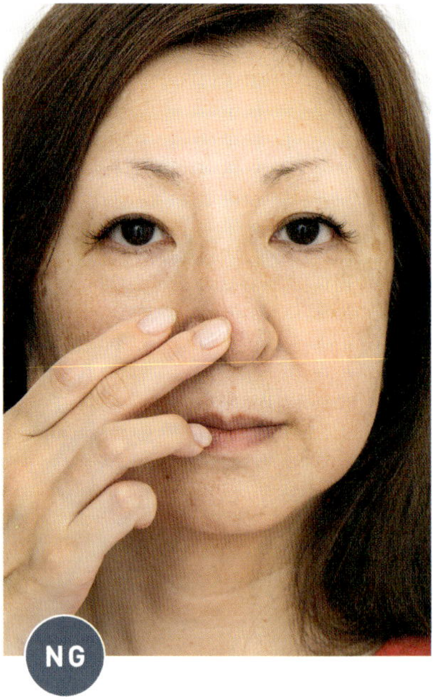


力を入れすぎないように、やさしく塗ります。鼻の穴がつぶれたら力が強すぎるサイン。

POINT MAKE-UP

# フェイスラインをすっきり魅せる シェーディングの入れ方

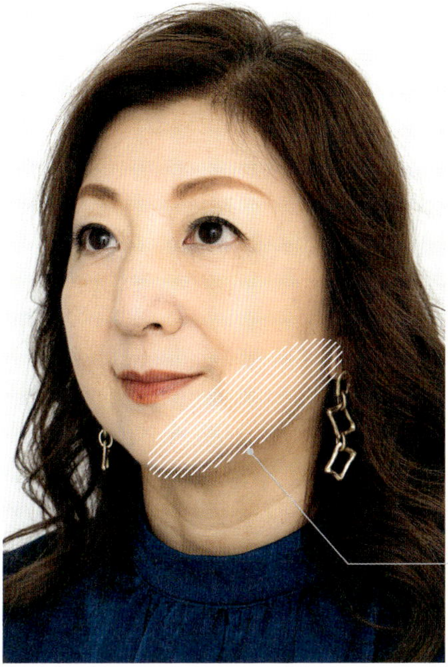

Step 1

気になるフェイスラインのたるみ。

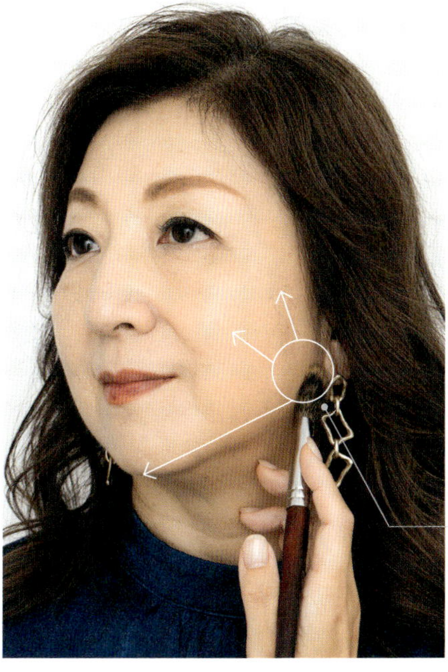

Step 2

シェーディングのスタート位置。耳の下部分より内側へ放射状にぼかす。

# *Hair Arrangement*

before

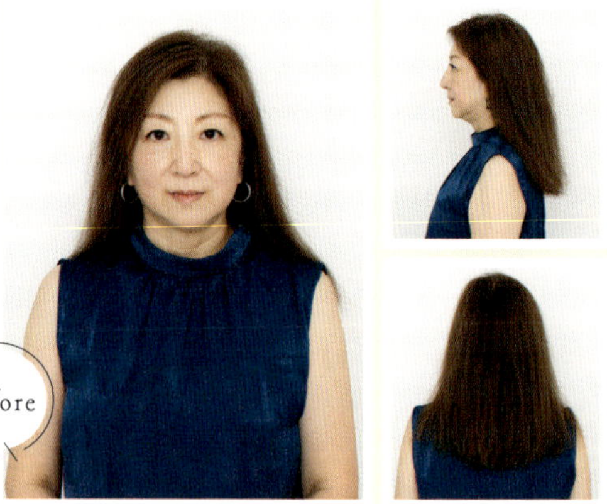

after

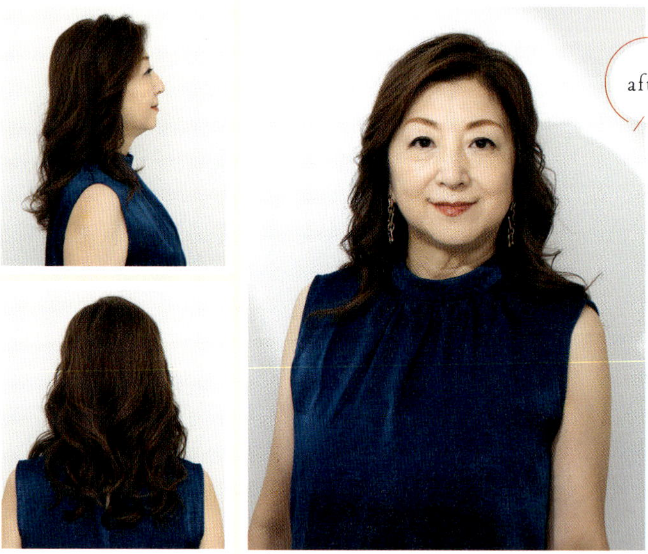

大人のヘアの大切なポイントは艶とボリューム。
凹みやすい分け目は根元を立ち上げてふんわりと。
カジュアルな装いのときには、毛先をワンカールした大人上品ストレート。
ちょっとお出かけ気分の装いのときには、顔まわりをリバース巻きにしてエレガントカールに。

## Completed Make-up

これまでメイクはほとんどせず眉のみだったエニカさんが、60代を目前にメイクレッスンにお越しくださいました。肌と眉が整うだけで、印象が明るく、さらに魅力がUPすることを私たちに見せてくださったエニカさん。素敵な60代を送るエニカさんに、私たちも励まされています！　私たちも続きます！

FILE03　英保理恵さん　AGE 48

# 華やかな顔は色を足さずに輪郭を強化
# 肌艶と血色感アップ

## 英保理恵さんのお悩み

- ☑ 夕方どんよりと肌がくすむ
- ☑ 小ジワやほうれい線が気になる
- ☑ メイクによって派手になりがち

after

beforeメイクと同じベースメイク類を使用しています。メイク前のスキンケア「保湿」をしっかり行い、肌をうるおし満たしたことで、肌の内側から発光するような艶を感じます。

before

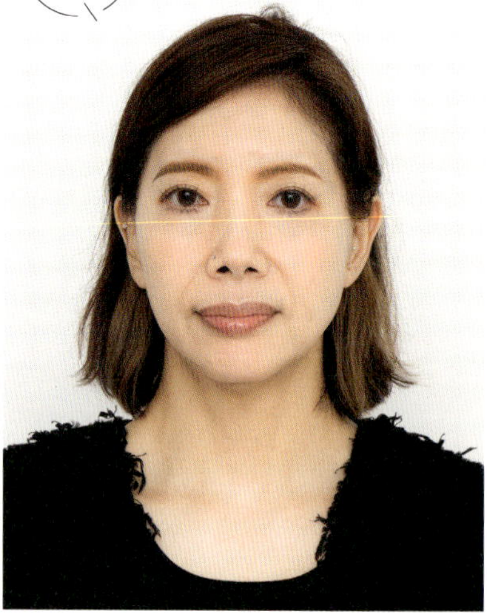

ゆひのInstagramを参考に、メイクをアップデートして撮影に参加くださった理恵さん。
暑い日でしたが崩れ知らずできれいなセルフメイク◎　メイクの答え合わせと微調整をしていきます。

POINT MAKE-UP

# トーンアップ化粧下地の塗り方

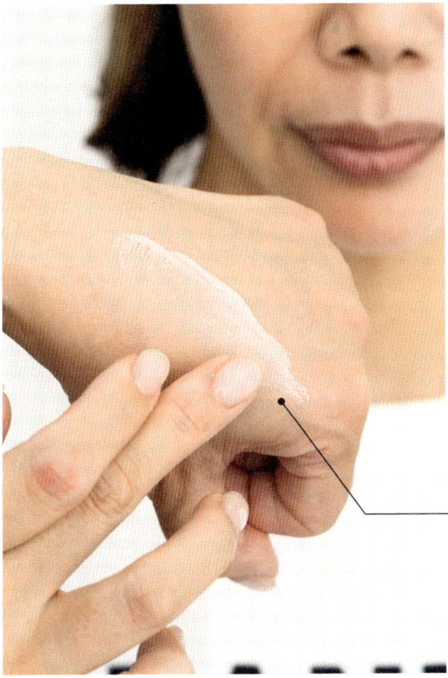

Step 1

午後のどんよりとした顔のくすみには、血色を補うピンク系のトーンアップ下地をセレクト。

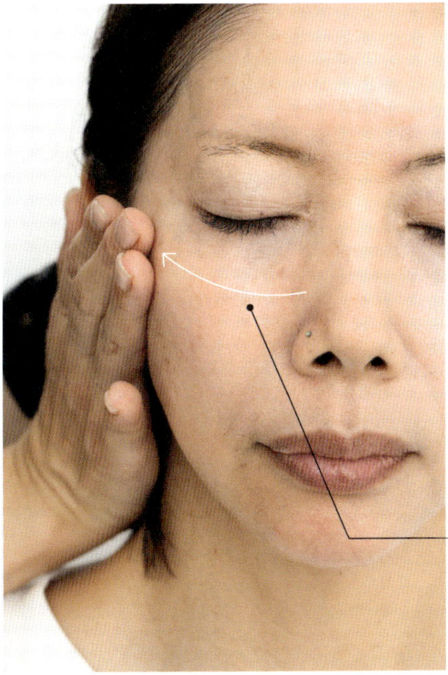

Step 2

化粧下地を鼻横から外側に向かって塗り広げる。

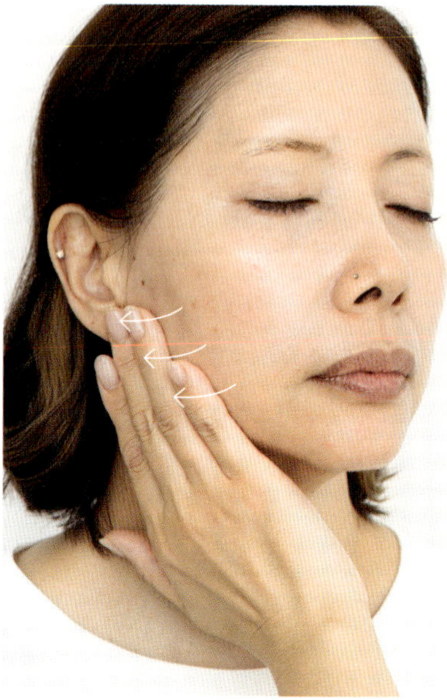

Step 3

フェイスラインは首との差が出ないようになじませる。

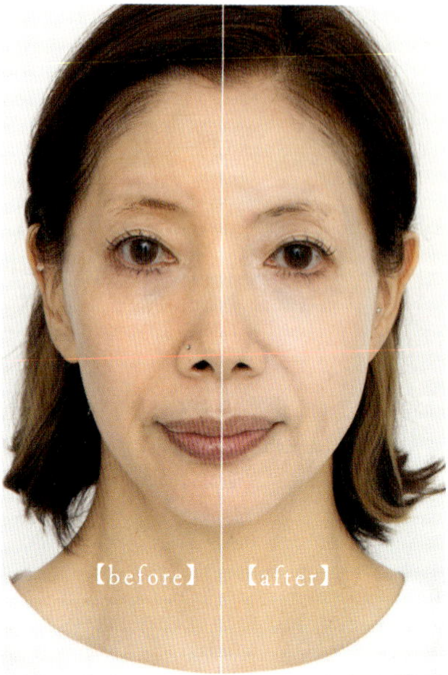


Step 4

肌色補正効果のある化粧下地の実力を、左右のお顔でご覧ください。
肌の黄色みが抑えられ明るい肌へ。

POINT MAKE-UP

# 午後も元気に見える血色感の仕込み方

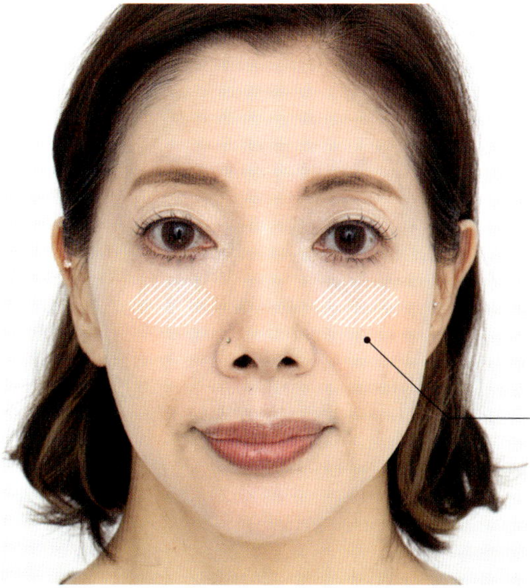

## Step 1

明るいクリームタイプのチークを頬骨の上にのせ、楕円形になるように広げる。

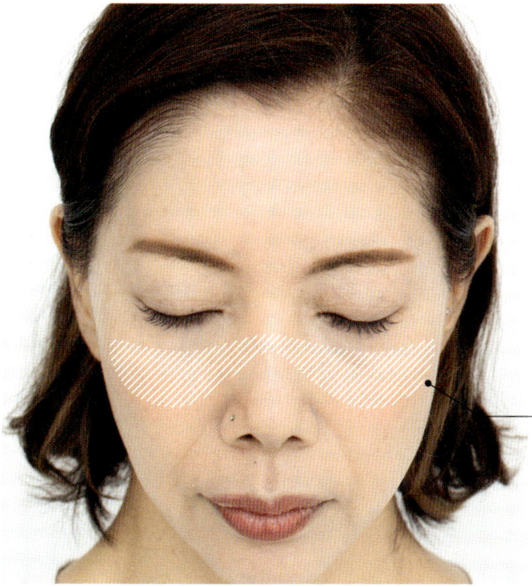

## Step 2

パウダータイプのチークを重ねることで発色が長持ちします。Step1で入れたチークを繋ぐことで、健康的な表情を引き出せます。

POINT MAKE-UP

# 若々しさと華やかさの象徴ふっくら唇を活かす

## Step 1

ふっくらとした唇は宝物です。
メイクアップで活かしていきましょう。

before

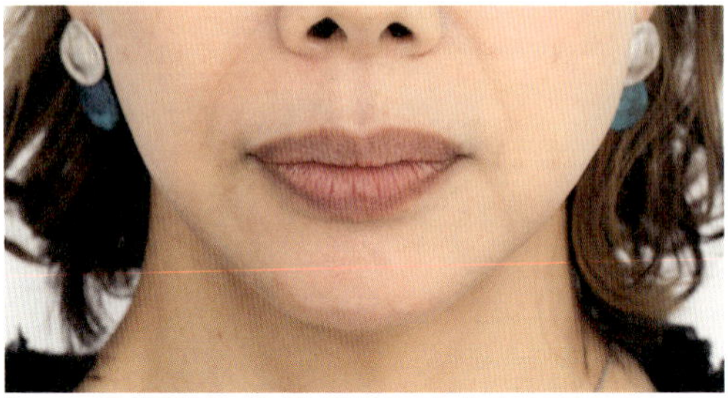

## Step 2

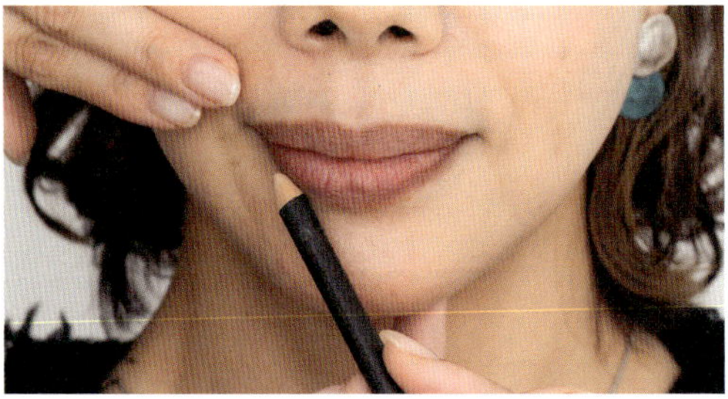

口角横の皮フを押さえます。油分の少ないペンシルタイプのコンシーラーを使用し、下唇の口角部分のくすみをカバー。

after

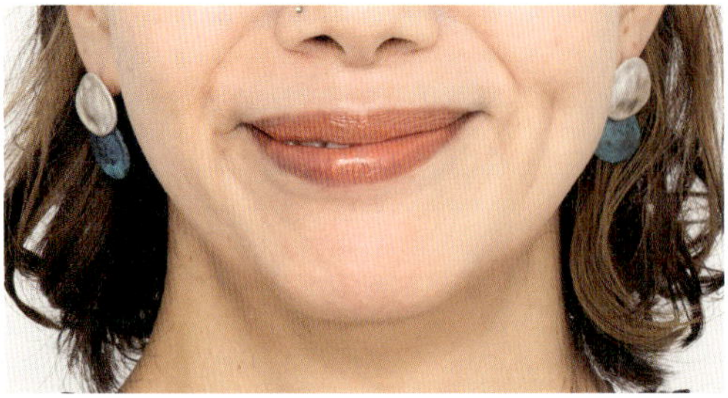

## Step 3

口角がキュッと引き締まりました◎
口元がリフトアップして見えます。

## Completed Make-up

アクティブで華やかな理恵さん。カジュアルな装いが多い分、メイクでも自然なバランスを意識しました。夕方になると疲れて見えてしまうお悩みに対し、肌のくすみ対策と元気に見える血色感をプラス。これで、どの時間帯でも生き生きとした印象に！　これからも魅力が引き立つメイクを一緒に愉しみましょう。

FILE04 | リマリさん | AGE 54

# 目の下のたるみ影を自然にカバー、明るく若々しい目元を演出

## リマリさんのお悩み

- ☑ 目の下のたるみ影が気になる
- ☑ 目まわりのメイクよれが気になる
- ☑ 自眉が濃くしっかり生えている

after

目まわりのファンデーションはごく少量に。目の下の凹凸の影を明るさでふっくら魅せることで若々しい目元を演出。

before

笑顔が素敵なリマリさん。日中もおもいっきり笑って欲しいから、表情の動きの大きな目まわりは、ファンデーションの塗りすぎ厳禁！

POINT MAKE-UP

# 目の下のたるみ影を和らげる

光の効果で「たるみの影」を飛ばしふっくら魅せる

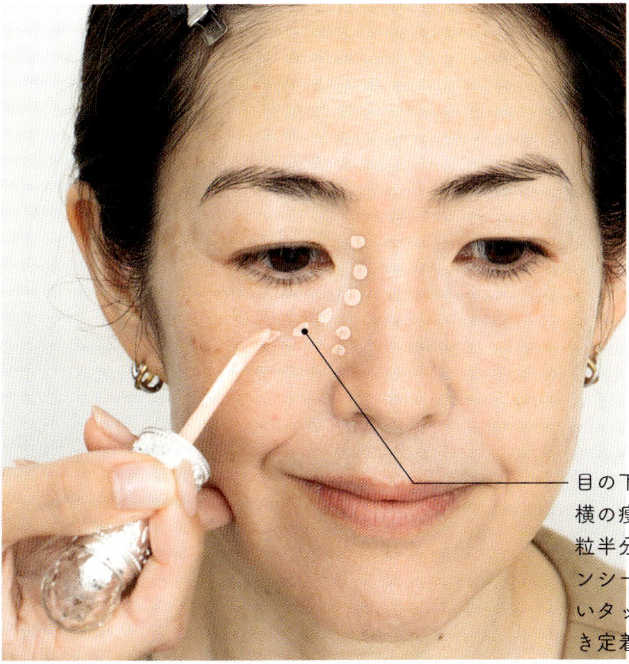

目の下の膨らみの下、鼻の横の痩せているところに米粒半分ほどのハイライトコンシーラーを置き、やさしいタッチでポンポンとたたき定着させると、ふっくら明るくなり、凹凸が目立たなくなります

POINT MAKE-UP

# 目まわりファンデーションの塗り方

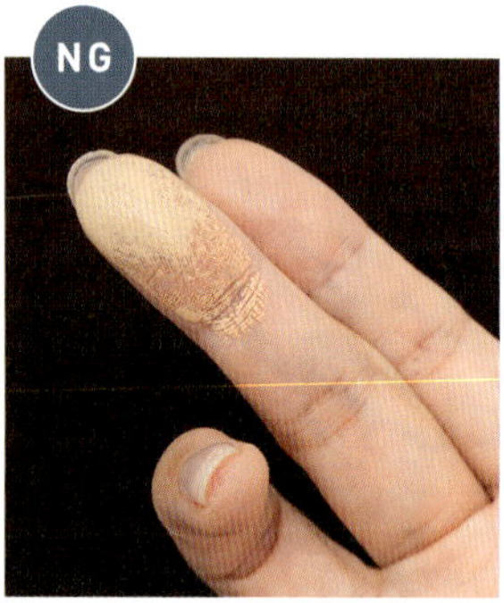


量が多すぎると表情の動きで割れてシワっぽく見える

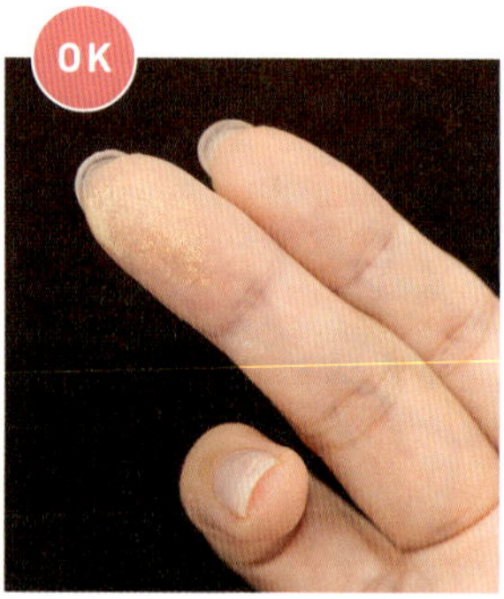


中指の腹部分に、ファンデーションついてる？というくらいの量をとる。カスカスでOK

フェイスパウダーをアイシャドウブラシにとり、目の下のきわギリギリにセット。目まわりはフェイスパウダーでメイクのヨレやにじみを防ぐ

Point

フェイスパウダーはブラシでつけると、粉っぽさがなく、若々しい仕上がりに

POINT MAKE-UP

# しっかり眉は眉マスカラでふんわり自然に！

Step 1

眉のないところのみ描き足す。

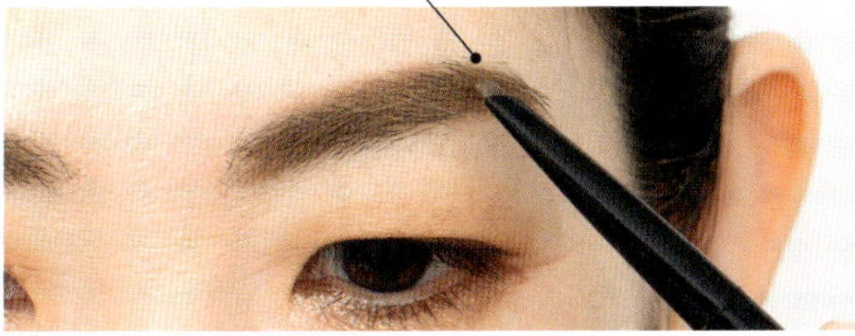

Step 2

眉マスカラで逆毛を立てるように眉の裏側に色をつける。

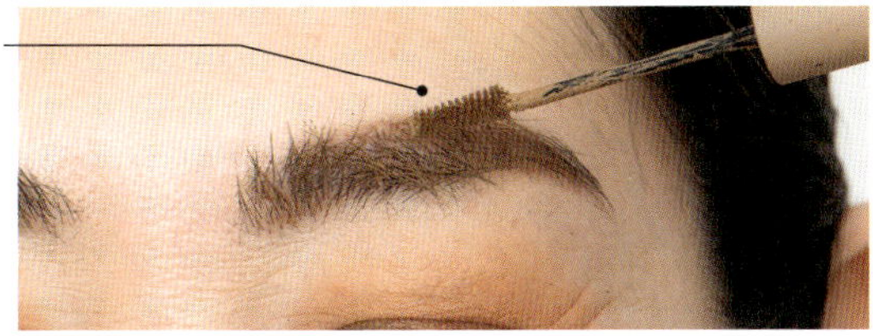

Step 3

眉マスカラで毛流れと眉の色を整える。

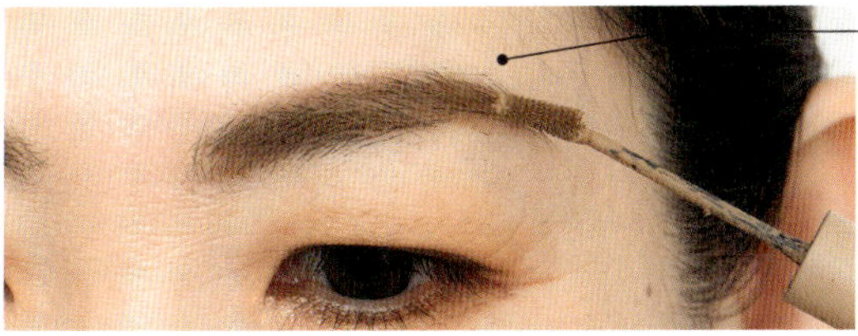

Point

マスカラ液がつきすぎる場合は、使う前にティッシュで軽くオフ

POINT MAKE-UP

# 日中の目元ケア

指の腹部分に美容液を溶かすようにとり、やさしいタッチでなじませます。

使用アイテム
▼

「アスタリフト ザ セラム リンクルリペア（朝用）」

スティック美容液は直接目元に塗るとファンデーションがヨレやすいので注意！

## Completed Make-up

キュッと上がった口角が印象的で、笑顔があふれるリマリさん。その魅力をさらに引き出すために、下唇をふっくら描いて、口元により豊かな表情をプラスしました。アイメイクは下まぶたにポイントを置き、暖色系のアイシャドウで目の下の余白をさりげなくコントロール。仕上がりは、やさしさと明るさがいっそう際立ち、どこから見ても素敵です！

## Hair Arrangement

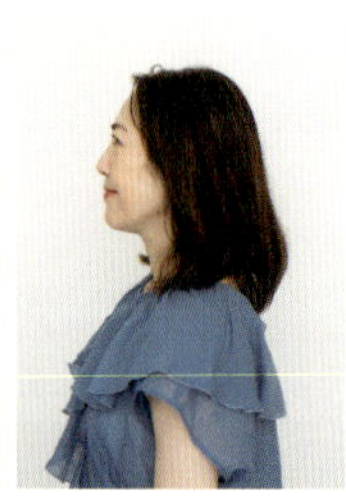

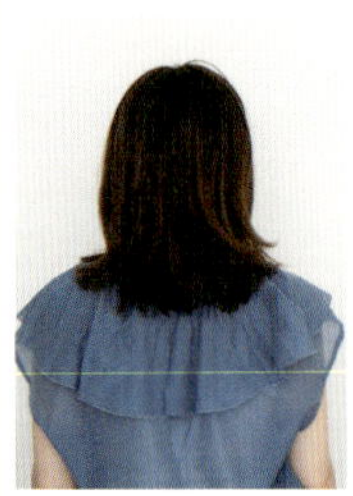

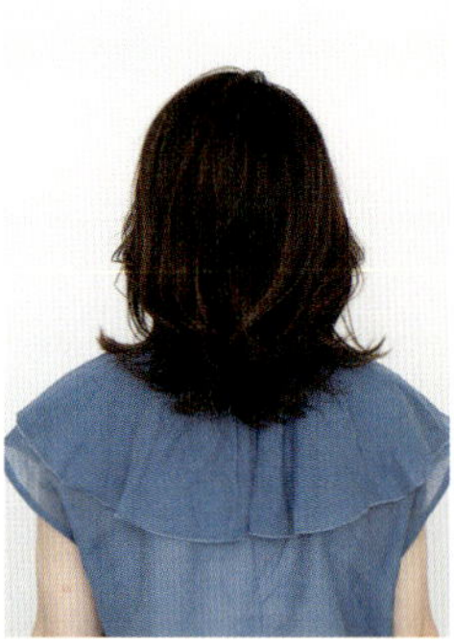

オススメ
ツール

天然鉱石パウダー配合で艶とうるおいを与え、美しいカールをキープするプロ仕様のアイロン。「ホリスティックキュア マグネットヘアプロ カールアイロン 38mm ¥17,600」

シフォン地の柔らかい服のときは女性らしさを活かしたフェミニンカールで。軽さが出るように耳まわりに動きをつけよう！

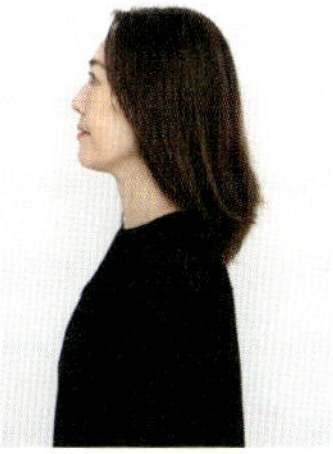
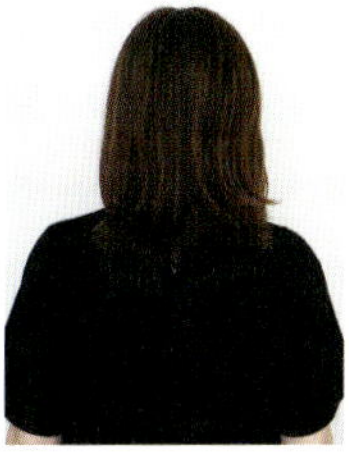

before

after

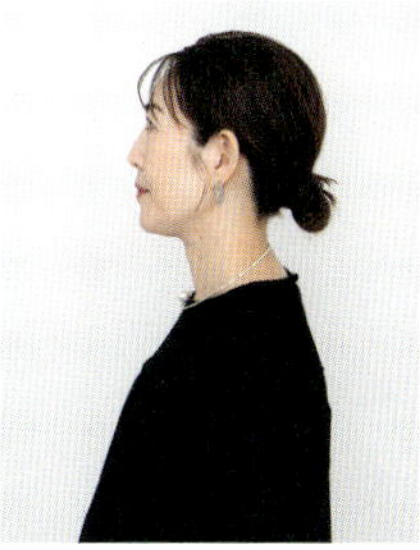
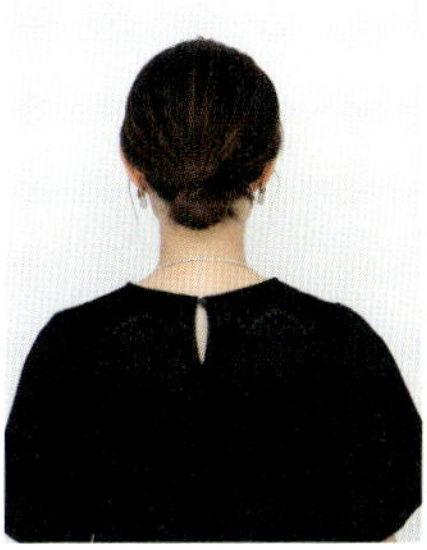

トップスの首元が詰まっているときはまとめ髪がオススメ！　今っぽく前髪を少しシースルーにしたり、毛先を外したカチモリヘアはオシャレです。

FILE05 | カナコさん | AGE 41

# 口紅だけで印象を変える

### カナコさんのお悩み

- ☑ 顔色がどんより。明るく見せたい
- ☑ 簡単に雰囲気を変えたい
- ☑ メイクを愉しみたい

after

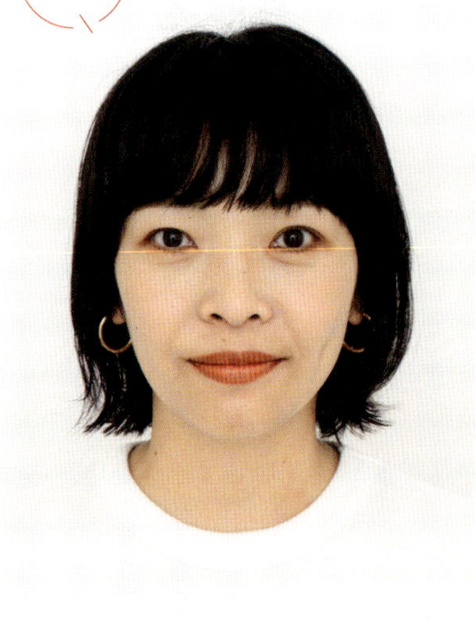

メイクを変えずに口紅を足しただけ。顔色がパッと明るくなり一気におしゃれ感UP！

before

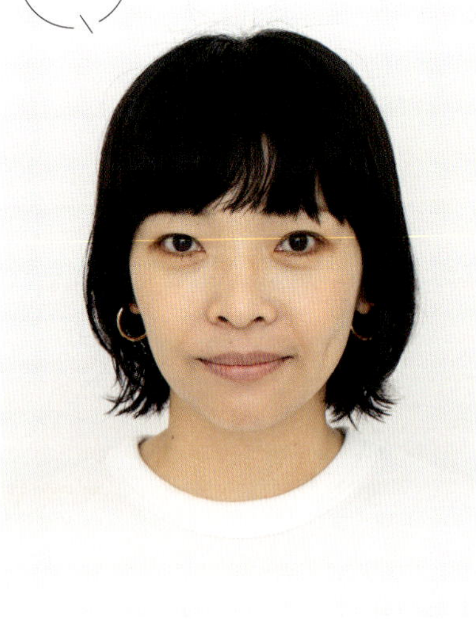

ファンデーションやアイメイクをちゃんとしてるのに、なんだかパッとしないとカナコさん。
忙しくてメイクに時間をかけられないというお悩みを3秒で解決！

## Completed Make-up

「エムアイエムシー ミネラルルージュ / 20 ディープガーネット」

「セルヴォーク リベレイティッド マットリップス / 04 ブリックブラウン」

30代の頃のままのコスメやメイクが、なんだか老けて見えると感じるようになったとカナコさん。
カナコさんに必要なのはズバリ「血色感」
血色感は生命力、血色をメイクで補うことで、生き生きと若々しい印象に。
口紅を主役にするときは、チークのつける量を少なくして気配を感じるくらいさりげなくするのがポイント。

「SHISEIDO ヴィジョナリー ジェルリップスティック / Shizuka Red/223」

※使用アイテムは本人私物（すでに販売終了または販売終了予定）

FILE06　美保さん　AGE 42

# 厚塗り感を出さずに、カバー力を保つことで顔全体が明るく、健康的で若々しい印象に

## 美保さんのお悩み

- ☑ 化粧をすると肌が逆に汚く見える
- ☑ 透明感のある肌になりたい
- ☑ メイクを愉しみたいけど、ケバくしたくない

after

厚塗りをさけ、メリハリのあるメイクにシフトすることで、健康的で若々しい印象に。

before

ベースメイクは全体的に均一に塗らなければならないと思っていた美保さん。
厚塗りメイクが肌の透明感を消し、かえってシワっぽくなるなどもったいない状態。

POINT MAKE-UP

## ベースメイクの状態を確認

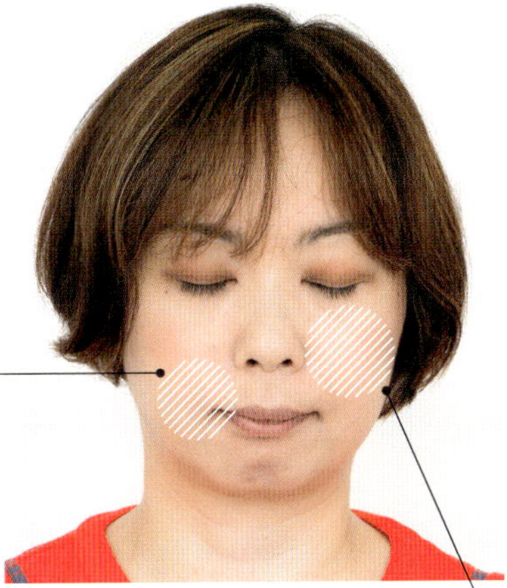

ファンデーションが
ほうれい線に溜まりやすく
化粧が崩れしやすい
状態になっている

首よりも顔が暗く
肌に透明感がなく
厚ぼったく見える

**MEMO**

まず、しっかり保湿を行い、肌のコンディションを整えます。その上で、気になる部分をカバーしつつ、肌の透明感を活かす「ファンデーションのメリハリ塗り」を取り入れました。さらに、明るく透明感のあるチークやリップを使って顔色を明るく見せ、健康的な印象を引き出します。

POINT MAKE-UP

## アイシャドウの塗り方のコツ

before

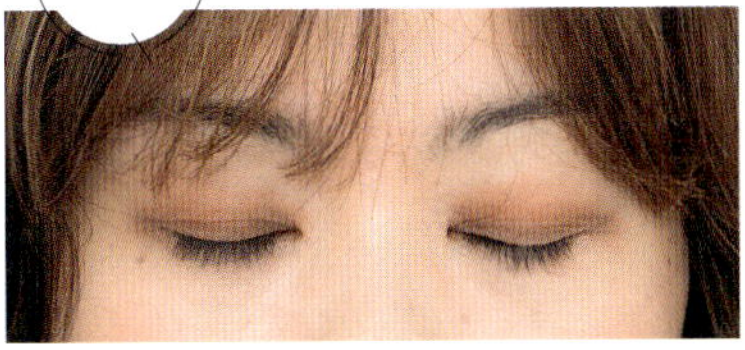

4色パレットのアイシャドウを全て使ったグラデーション塗りが重い目元に

after

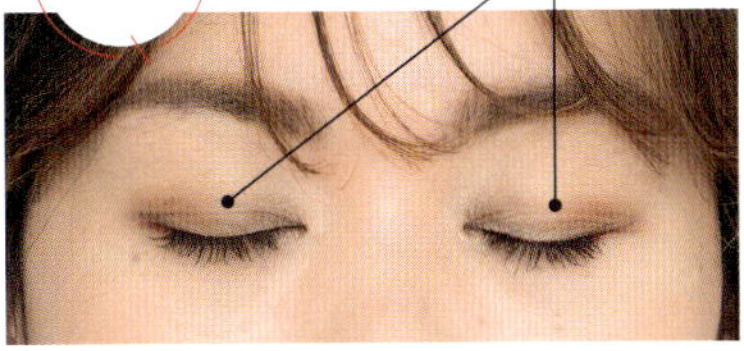

まぶた全体は明るく

抜け感を出すためには、重くなる濃いブラウンシャドウをまつ毛のキワに細く入れる

# ほんのりとさりげないチーク

Step 1

チークをブラシの側面部分にとる。

ふわふわのブラシを使うとふんわり仕上がります

Step 2

チークが濃くついたり、ムラにならないよう、手の甲でなじませる。

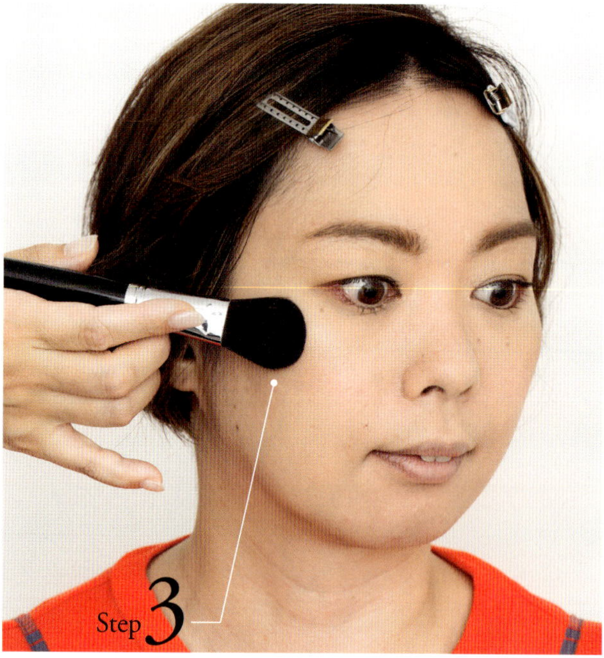

Step 3

ブラシの面を頬にあて、ふんわりチークを塗る。

POINT MAKE-UP

# リップ3点置きの塗り方

Step 1
口角をファンデーションで整える。

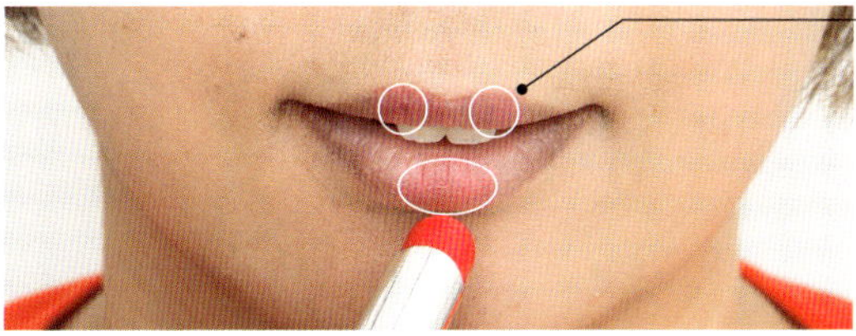

Step 2
口紅を３点置く。

Step 3
３点を繋げるように塗る。

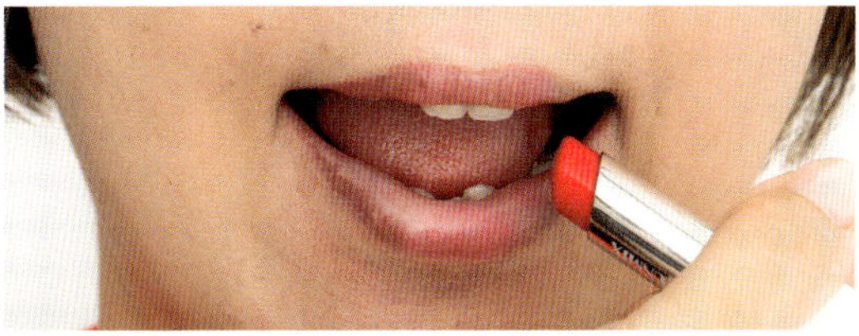

Step 4
はみ出したリップを取り除き整える。

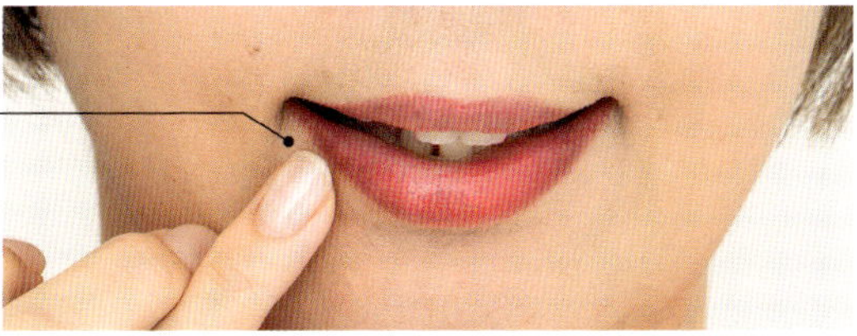

## Completed Make-up

華やかなお顔立ちで、鮮やかな色のお洋服がとてもお似合いの美保さん。お洋服の色を活かしつつ、アイメイクかリップのどちらかにワンポイントで色をきかせることで、派手すぎずバランス良く愉しめます。また、お洋服とリップの色を合わせると、統一感が出て大人かわいい印象に。美保さんらしいカラフルなスタイルがいっそう引き立ちますね！